개처럼
인생을 살아라

개처럼 인생을 살아라

ⓒ이근오

초판 1쇄 인쇄 2025년 10월 24일

엮은이 이근오
디자인 김지혜
마케팅 정호윤, 김민지
펴낸곳 모티브
이메일 motive@billionairecorp.com

ISBN 979-11-94600-72-5 (03160)

파본은 구입하신 서점에서 교환해 드립니다.
이 책은 저작권법에 의해 보호를 받는 저작물이기에 무단 전재와 복제를 금합니다.

이근오 엮음 | 세계철학전집 디오게네스편 | VER. 006

개처럼
인생을 살아라

Diogenes

모티브

그는 미친 소크라테스다.
- 플라톤 -

디오게네스가 살았던 통은 철저한
무욕의 상징이다.
- 쇼펜하우어 -

디오게네스는 왕들보다 자유로웠다.

- 세네카 -

그들의 철학 개견학파는
거짓 도덕을 조롱함으로써 진리를 구했다.

- 니체 -

Diogenes

기원전 412년경 - 기원전 323년 6월

프롤로그

디오게네스는 평생을 항아리 속에서 살았습니다. 부와 명예 대신 개처럼 사는 것이 더 행복한 인생이라 생각했기 때문입니다. 사람들은 말보다 행동으로 직접 보여주는 모습을 보며, 그를 괴짜라고 불렀고, 미친 철학자라 조롱했습니다.

그가 살던 시대의 그리스는 부와 권력 그리고 명예로 사람의 가치를 판단하던 사회였습니다. 그 속에서 디오게네스는 홀로 다른 길을 걸었던 거였죠. 그러나 그는 세상이 틀렸다고 말하지는 않았습니다. 다만, 세상의 질서와 규칙들이 인간의 본질을 가리고 있다고 생각했습니다. 그래서 그는 말했습니다. "가장 단순한 삶이, 가장 자유로운 삶이다." 그의 삶을 들여다보면, 진정한 행복이란 '가지는 것'이 아니라 '비워내는 것'임을 깨닫게 됩니다.

불필요한 욕망을 내려놓고, 남의 시선을 신경 쓰지 않으며, 개처럼 자신에게 솔직하게 사는 것. 그것이 디오게네스가 몸소 실천한 철학이었습니다. 어쩌면 이런 그의 철학이 오늘날 큰 전환점이 될지도 모르겠습니다. 가진 것이 많을수록, 아는 것이 많을수록 사람은 더욱 혼란스러워지니까요. 이 책은 그런 복잡함을 다 내려놓고 살았던 디오게네스의 일화를 이해하기 쉽게 풀어냈습니다. 디오게네스의 가르침이, 지금을 사는 우리가 잊고 있는 자유, 진심, 그리고 낭만 같은 가치의 의미를 되짚어볼 수 있는 철학이 되면 좋겠습니다. 삶의 본질은 여전히 단순하고 조용한 곳에 있습니다. 이 책이, 그 단순함의 비밀을 비춰주는 등불이 되기를 바랍니다.

  감사합니다.

- 엮은이, 이근오 -

차례

프롤로그　　　　　　　　　　　　　　　　　　　　007

Chapter. 01 | 디오게네스의 행복론

01. 행동으로부터 자유가 나온다　　　　　　　　016
02. 괴로움은 집착에서 온다　　　　　　　　　　020
03. 주저하지 않는 인생이 최고다　　　　　　　　024
04. 행복의 왕이 되어야 한다　　　　　　　　　　029
05. 행복은 덜어내는 데 있다　　　　　　　　　　035

Chapter. 02 | 디오게네스의 실천론

01. 무례한 말에는 헛소리로 대답해야 한다　　　　040
02. 행동은 최고의 논증이다　　　　　　　　　　044
03. 근거 없는 규칙은 깨트려야 한다　　　　　　　048
04. 변명은 약하고 침묵은 강하다　　　　　　　　053
05. 괴물을 이기려면 더한 괴물이 되어야 한다　　058

Chapter. 03 | 디오게네스의 통찰론

01. 현실 위에 이상을 세워야 한다   064
02. 세상의 가장 무거운 짐   068
03. 정직한 개로 살 것인가, 위선자로 살 것인가   072
04. 사람을 알려거든 분노하는 지점을 봐야한다   079
05. 내 방식이 아니라 상대가 원하는 방식   084

Chapter. 04 | 디오게네스의 가치론

01. 바람과 물은 국경을 알지 못한다   090
02. 끝났다고 생각할 때 진짜가 시작된다   096
03. 탐욕은 결국 스스로를 무너뜨린다   100
04. 가치가 있는 성품을 가져야 한다   105
05. 규범은 강자의 무기다   109

Chapter. 05 | 디오게네스의 성장론

01. 간절하면 움직여야 한다   114
02. 각오를 했다면 더 큰 각오를 해야 한다   120
03. 결핍을 인정할 때 성장이 시작된다   125
04. 거절은 상처가 아니라 면역이다   129
05. 큰 것만 좇다 작은 것을 잃는다   133
06. 가진 것이 없어도 당당해야 한다   137

| Chapter. 06 | 디오게네스의 본질론 |

01. 본질을 보지 못하면 길을 잃는다 　　　　　　　148

02. 기회는 자유를 주기도, 사슬을 만들기도 한다 　　153

03. 가짜 바쁨은 진짜 삶을 갉아먹는다 　　　　　　157

04. 사람은 상황에 따라 바뀐다 　　　　　　　　　161

05. 자신을 속이면 이상한 것을 하게 된다 　　　　　166

06. 유연한 태도가 세상을 넓힌다 　　　　　　　　169

| Chapter. 07 | 디오게네스의 진실론 |

01. 진실을 본 사람은 두려움에 지지 않는다 　　　　176

02. 디오게네스가 본 위선의 실체 　　　　　　　　180

03. 욕망은 채워도 결코 가득 차지 않는다 　　　　　184

04. 다수의 선택이 반드시 옳은 것은 아니다 　　　　188

05. 타고난 조건은 시작일 뿐, 끝이 아니다 　　　　　192

Chapter. 08 | 디오게네스의 인간관계론

01. 부자가 된다고 친구가 생기는 건 아니다   198
02. 언어가 관계의 진실을 말해준다   201
03. 잊힐 때 진짜가 드러난다   205
04. 먼저 자신과 친구가 되어야 한다   208
05. 우정은 채움이 아니라 비움에서 자란다   212
06. 입이 귀보다 빨리 달리면 안 된다   216

Chapter. 09 | 디오게네스의 신과 자립론

01. 신은 어디에나 있다   222
02. 행동하지 않는 기도는 헛소리일 뿐이다   226
03. 간절함은 때론 눈을 가린다   230
04. 못생긴 얼굴은 덕으로 빛나야 한다   234
05. 진정성은 완벽함에서 오지 않는다   238

Chapter. 10 | 디오게네스의 죽음

01. 장례는 살아 있는 자들을 위한 것이다   244
02. 당연한 것들은 언제든 뒤집힐 수 있다   248
03. 죽음을 두려워하지 않는 건 삶을 온전히 사랑한다는 것이다   252

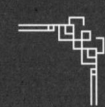

Chapter. 01

디오게네스의
행복론

Diogenes

행동으로부터
자유가 나온다

디오게네스의 철학은 '견유학파'의 사상에 기반하고 있다. 견유학파는 기원전 4세기 고대 그리스에서 시작된 철학 사상으로, "자연에 따라 자유롭고 단순하게 살아야 한다"는 생각을 핵심으로 한다. 이 학파는 소크라테스의 제자인 안티스테네스가 창시했지만, 대표적 인물로는 디오게네스가 꼽힌다. 그 이유는 그의 행동과 말들이 너무나도 파격적이었기 때문이다. 디오게네스는 관념적인 말들로 가득한 철학을 싫어했다. 그래서 추상적인 것들로 정신적 위로를 하는 것보다 인간이 본성에 충실할 때 가장 행복해질 수 있다고 믿고 또 그렇게 행동했다. 그래서 그는 사회적 금기를 깨뜨리기 위해 의도적으로 행동한 일화가 많은데, 그 수많은 일화 중에서도 가장 논란이 되는 것이 하나 있다. 바로 광장에서 공개적으로 자위를 한 것이었다. 사람들은 경악했다. "저 사람이 미쳤나!" "저질스럽소!" "어떻게 철학자라는 사람이 이런 부끄러운 행동을 할 수 있단 말인가?" 자위를 공공장소에서, 그것도 대낮에 한다는 것은 상상할 수도 없는 일이었다. 그들은 디오게네스를 욕하고 조롱했다. 하지만 디오게네스는 전혀 부끄러워하지 않았다. 오히려 그는 소리쳤다. "이렇게 배를 문질러서 배고픔이 해결되면 얼마나 좋겠는가!" 그는 성적 욕구를 배고픔과 같은 자연스러운 욕구로 보고 있었다. 배고픔을 해결하기 위해 음식을 먹는 것이 자연스럽듯, 성적 욕구를 해결하는 것도 자연스러운 일이라고 외쳤다. 물론 이런 행동은 받아들이기 어려운 비도덕적인 행위였지만, 디오게네스는 말보다는 실제 행함이 있어야 한다고 생각했기에 그런 극단적인 행동을 하게 된 것이었다. 그는 이런 행동으로, 인간이 진정 자유롭지 못한 이유가 본능 때문이 아닌, 생존 조건에 달려 있다는 점을 꼬집은 철학자였다. 사람들은 먹고 마시는 욕망은 거리낌 없이 드러내면서도 성적 욕망은 부끄러운 것으로 여긴다. 디오게네스는 이를 틀에 박힌 사고라고 생각했다. 그래서 진정으로 억압받아야 할 것은 사회적 규범이 만들어낸 인위적인 부끄러움이라는 메시지를 던진 것이다. 이처럼 디오게네스는 세상의 위선을 경멸했고, 사회의 시선이 두려워 본능과 욕망을 억누르며 살기보다는 개처럼 단순하고 자유롭게 살 것을 강조했다. 개들은 아무것도 가지지 않아도 부족함을 느끼지 않고, 꾸며낸 체면 따위에 매달리지 않는다. 그는 바로 이런 태도야말로 인간이 되찾아야 할 진정한 자유라고 보았다. 물론, 길거리에서 자위행위를 하면 "저게 진짜 개지? 사람이냐?"라고 생각할 수도 있다. 하지만 부정적인 것들만 보고 비꼬기만 하는 사람은 아무것도 얻지 못한다. 반대로 아무리 천박하고 더러운 것일지라도 그곳에서 교훈을 얻고 좋은 것들만 가져가는 사람은 똥도 거름으로 쓸 줄 아는 사람이 된다. 종교를 믿지 않는 사람에게는 신을 찬양하고 기도하는 모습이 미친 것처럼 보이지만, 종교를 믿는 사람은 종교를 믿지 않는 사람들이 지옥에 가게 돼 가엾고 불쌍하게 보인다. 그래서 사람의 가치관에서만큼은 모든 것을 이해하려 하지 말아야 한다. 그저, 자신의 가치관에 맞게 좋은 것들만 가져가고 또 교훈을 얻는 사람이 되어야 한다. 앞으로 이 책에서는 디오게네스의 거침없는 철학이 담긴 일화들을 보게 될 것이다. 그때마다 "진짜 미친 사람이구나"라고 생각하기보다 그가 무엇 때문에 이런 행동을 했는지, 그리고 우리에게 무엇을 전하고자 했는지, 그만의 독특한 철학을 한 번 곱씹어 보길 바란다.

**"이렇게 배를 문질러서 배고픔이 해결되면
얼마나 좋겠는가."**

괴로움은
집착에서 온다

 디오게네스의 전기를 쓴 《철학자 열전》에 따르면 "그는 쥐가 먹을 것을 찾고 잠자리를 마련하며, 어둠 속에서도 두려워하지 않고 살아가는 것을 보고, 인간도 쥐처럼 단순하게 살 수 있다는 영감을 깨달았다."라고 적혀 있다. 그래서 실제로 그는 집 없이 드럼통 같은 큰 항아리에 살았다. 그가 살던 항아리는, 원래는 곡물이나 포도주를 저장하는 데 쓰였던 큰 도기 항아리였는데, 금이 가고 깨져서 더 이상 상업적 용도로는 쓸 수 없게 돼 버려진 항아리였다. 그러나 '개 같이 살아야 한다'고 외쳤던 디오게네스에게는 비바람을 막아주고, 뜨거운 햇빛을 가려주며, 밤에는 아늑한 잠자리가 되어주는 완벽한 거처였다. 그래서 그는 이 커다란 항아리 속으로 들어가 살기 시작했다. 사람들은 이런 디오게네스를 보며 혀를 찼다. 철학자라는 사람이 항아리에서 산다니, 얼마나 비참한 일인가? 그들은 디오게네스를 불쌍히 여기며 동정의 눈빛을 보냈다. "저 불쌍한 사람 좀 봐. 제대로 된 집 한 채 없이 저런 곳에서 살다니." "돈도 없고, 재산도 없고, 가족도 없고. 정말 가엾은 신세야."라고 말하며 그를 사회의 낙오자, 운 없는 불쌍한 사람으로 여겼고, 어떤 이들은 동전을 던져주기도 했으며, 어떤 이들은 음식을 가져다주기도 했다. 하지만 디오게네스는 자신을 불쌍히 여기는 사람들을 바라보며 미소를 지었다. "나는 오히려 당신들이 짊어진 짐으로부터 자유롭다." 사람들은 어리둥절했다. 무슨 짐을 말하는 걸까? 그들은 집도 있고, 재산도 있고, 가족도 있는데 어떤 짐을 지고 있다는 말인가? 그러나 디오게네스가 보기에 그들의 삶은 끝없는 짐의 연속이었다. 집을 유지하기 위한 걱정, 재산을 지키기 위한 불안, 사회적 지위를 유지하기 위한 스트레스. 이 모든 것들이 그들의 어깨를 무겁게 짓누르고 있었다. 반면 디오게네스는 이런 모든 짐에서 벗어났다. 집이 없으니 집 걱정을 할 필요가 없었고, 재산이 없으니, 재산을 잃을 염려도 하지 않았다. 그의 항아리 또한 언제든지 다른 곳으로 옮길 수 있는 거처였다. 그 어떤 것도 그를 한 곳에 붙잡아두지 못했다. 디오게네스에게 '자유'란 바로 이런 것이었다. 우리는 이런 디오게네스의 자유로운 마음을 배울 필요가 있다. 사람들은 흔히 자유를 원한다고 말하면서도, 정작 스스로를 옭아매는 끈을 놓지 못한다. 바다가 보이는 집을 사기 위해 대출을 받고, 재산을 더 늘리기 위해 몸이 망가져가면서까지 일을 하며, 더 높은 지위를 얻기 위해 사람들과 싸우며 도덕성마저 잃어버린다. 그러나 디오게네스는 세상 사람들이 부러워하는 것들을 일부러 내려놓음으로써 오히려 더 큰 자유를 누렸다. 진정한 자유는 소유에서 비롯되는 것이 아니라, 집착을 버릴 때 시작된다는 사실을 몸소 증명한 것이다. 물론 오늘날 우리가 모두 항아리 속에서 살 수는 없다. 그러나 꼭 필요하지 않은 것들을 줄이고, 욕망이 아닌 필요에 의해 구할 때 비로소 우리는 가벼운 마음으로 살아갈 수 있다. 짐이 생기는 이유는 그것을 놓지 못하는 마음에서 비롯된다. 그러니 때로는 잃는 것이 곧 얻는 것이며, 덜 소유하는 것이 오히려 더 풍요로울 수 있다는 것을 기억하자. 자유는 외부가 아니라 내 마음에 있으니 말이다.

"나는 오히려 당신들이 짊어진 짐으로부터 자유롭다."

003

주저하지 않는
인생이 최고다

　철학자 디오게네스는 오늘날의 표현으로 하자면 괴짜였다. 그의 괴짜 같은 면모는 직위, 힘, 지식 모든 것 앞에서도 평등하게 드러났다. 이런 디오게네스의 차별 없는 모습이 가장 선명히 드러난 일이 있었는데, 그가 알렉산더 왕을 만났을 때였다. 세계를 무서운 속도로 정복하고 있던 알렉산더 왕이 아테네에 왔을 때, 젊고 유능한 왕 앞에 모든 사람이 무릎을 꿇고 그를 환영했다. 권력자들은 그의 환심을 사려 했고, 학자들은 그의 총애를 받으려 애썼다. 하지만 단 한 사람만 나타나지 않았다. 바로 철학자 디오게네스였다. 알렉산더 왕은 그런 디오게네스에게 호기심을 품고 호위병을 대동하여 찾아갔다. 그곳에는 한 늙은이가 누더기를 걸치고 나무통 옆에서 햇볕을 쬐고 있었다. 알렉산더 왕은 근엄한 말투로 디오게네스를 내려다보며 말했다. "나는 알렉산더 왕이오." 그러나, 디오게네스는 왕임을 밝힌 알렉산더 왕에게 무릎을 꿇거나 자세를 고치지 않고 편안한 자세로 자기소개를 했다. "나는 디오게네스요." 알렉산더 왕은 자신이 왕임을 알고도 예의를 차리지 않는 디오게네스에게 겁을 주기 위해 말했다. "당신은 내가 두렵지 않소?" 그러자 디오게네스는 말했다. "그대는 좋은 것이오? 나쁜 것이오?" 스스로를 나쁜 것이라고 말할 수 없는 난해한 상황이었기에, 어쩔 수 없이 알렉산더 왕은 "나는 좋은 것이오."라고 대답했다. 디오게네스는 기다렸다는 듯이 "그렇다면 내가 왜 좋은 것을 두려워해야겠소?"라고 말했다. 알렉산더 왕은 순간 할 말을 잃었고, 잠시 정적에 휩싸였다. 이내 깨달음을 얻은 알렉산더 왕은 말했다. "그대가 원하는 것은 무엇이오? 내가 들어주겠소." 그러나, 디오게네스는 이 또한 그를 난해하게 만드는 대답을 했다. "내 앞에서 햇볕을 가리지 말고, 비켜주시오." 그 짧은 대답에 알렉산더 왕은 크게 감탄했고, 자리를 떠나며 "내가 알렉산더가 아니었다면, 디오게네스가 되고 싶었을 것이다."라고 말했다. 이 일화는 가치의 차이를 극명하게 보여준다. 황제는 권력, 재물, 명예를 모두 쥐고 있었지만, 디오게네스에게 그것들은 아무 의미가 없었다. 그가 바란 것은 자신을 비춰줄 따스한 단 한 줄기 햇볕뿐이었고, 그것은 왕이 줄 수도, 가질 수도 없는 것이었다. 황제의 눈에는 사소해 보였던 햇볕이, 디오게네스의 눈에는 삶의 전부였던 것이다. 어쩌면 디오게네스는 제국의 왕에게 "나의 평온한 시간을 뺏지 말고, 내 앞에서 사라져"라고 말한 것일지도 모른다. 오늘날 사회는, 사람들을 억제하기 위해 "왜 이렇게 튀냐?", "대부분은 그렇게 살지 않아!"라는 말로, 튀는 행동을 하지 않고, 사회적인 기준을 따르며 사는 삶이 잘 살고 있는 인생이라는 생각이 들게 만든다. 하지만, 우리가 진정으로 고민해 봐야 할 건 '그런 삶이 과연 행복한 삶인가?'라는 점이다. 개들은 자신의 인생을 정말 행복하게 살아간다. 자신이 좋아하는 사람이 앞에 나타나면 헬리콥터처럼 꼬리를 흔들고, 큰 잘못을 하고 혼이 나도 내일의 두려움 같은 건 생각하지 않고 잠에 든다. 그런데 우리는 너무 눈치를 보고 사는 나머지 굳이 필요하지 않은 상황에서도 고민하고, 일어나지도 않은 일에 밤을 새며 괴로워한다. 이런 삶을 살면 우리는 언젠간 "그때 해 볼 걸"이라며 후회하게 될 뿐이다. 그래서 디오게네스의 철학처럼 누가 뭐라 해도 자신의 행복을 타인에 의해 억제하지 말아야 한다. 좋아하는 사람을 누군가 싫어하더라도 그것과 상관없이 좋아하고, 어제 실수를 해서 눈치가 보이더라도 해야 할 말은 소신 있게 얘기하는 그런 자세를 가질 필요가 있다는 것이다. 디오게네스가 왕 앞에서도 태연히 햇볕을 즐겼듯, 우리 역시 불필요한 두려움과 눈치를 내려놓고 자신의 햇볕을 즐길 줄 알아야 한다. 삶의 마지막 순간에 드는 생각은 '내가 타인에게 얼마나 잘했고, 많은 것을 주었는가?'가 아니라, '내가 얼마나 나답게 살았는가?'라는 물음일지도 모른다. 그 물음에 보답하고 싶다면 작은 햇살을 놓치지 않고, 하고 싶은 말을 소신 있게 전하며, 좋아하는 것을 주저 없이 품을 수 있는 용기를 갖고 살아야 한다. 그러니, 너무 주저하지 말고, 내가 좋다면 당당하게 해보길 바란다.

"내 앞에서 햇볕을 가리지 말고, 비켜주시오."

004

행복의 왕이
되어야 한다

　디오게네스를 떠나기 전에, 알렉산더 왕은 이 기이한 철학자에 대한 호기심을 억누를 수 없었기에 몇 마디 대화를 더 나눴다. 그때 디오게네스는 갑자기 무엇이 궁금했는지 알렉산더 왕을 지긋이 바라보더니 물었다. "폐하께서는 지금 무엇을 가장 바라십니까?" 알렉산더 왕은 연이은 전쟁 승리로 어깨가 하늘에 닿을 만큼 올라가 있었고 그가 당장 바라는 것은 한 가지였다. "그리스를 정복하는 것이오." 디오게네스는 고개를 끄덕이며 다시 물었다. "그리스를 정복하고 난 다음에는 또 무엇을 원하십니까?" 알렉산더 왕은 "아마도 소아시아 지역을 정복하고 싶을 것 같소"라고 답했다. 디오게네스의 질문은 계속 이어졌다. "그다음은 또 무엇을 원하십니까?" 알렉산더 왕은 자기에게 흥미를 보이는 디오게네스가 신기했는지 더 열정적으로 대답했다. "아마 온 세상을 정복하고 싶을 것 같소" 그의 눈에는 야망의 불꽃이 타오르고 있었다. 하지만 디오게네스는 여전히 똑같은 질문을 했다. "그러면 그다음은 또 무엇을 원하십니까?" 이 질문에 알렉산더는 잠시 멈칫했다. 온 세상을 다 정복하고 나면? 그제야 그는 조금 생각에 잠긴 표정으로 대답했다. "아마 그때쯤이면 쉬면서 인생을 즐겨야 하지 않겠나?" 디오게네스는 알렉산더의 대답을 듣고 깊은 한숨을 내쉬었다. 그의 얼굴에는 안타까움과 연민이 스쳐 지나갔다. 마치 길을 잃은 아이를 보는 듯한 표정이었다. 그리고 세계의 정복자에게 가장 중요한 질문을 던졌다. "참으로 이상하십니다. 그런 소망이라면 왜 지금 당장 쉬지 못하십니까?" 이 말은 알렉산더의 가슴을 깊숙이 찔렀다. 그의 얼굴에서 자신감 넘치던 표정이 사라지고 잠시 당황스러운 기색이 스쳤다. 그는 지금까지 끊임없이 다음을 향해 달려왔다. 하나를 정복하면 다음 목표가 생겼고, 그것을 이루면 또 다른 욕망이 생겨났다. 마치 끝없는 사슬처럼 이어지는 욕망의 고리 속에서 그는 단 한 번도 만족해 본 적이 없었다. 디오게네스의 질문은 단순했지만 본질적이었다. 모든 것을 다 이루고 난 후에야 행복할 수 있다면, 그 '모든 것'은 언제 끝날 것인가? 그리고 그때가 오기 전까지 지금 이 순간의 삶은 무엇인가? 단지 미래의 행복을 위한 수단에 불과한 것인가? 알렉산더 왕은 많은 생각이 들었을 것이다. 이 일화는 나무통 옆에서 햇볕을 쬐고 있는 디오게네스의 모습과, 온 세계를 정복하려는 알렉산더의 모습이 극명한 대조를 이룸을 보여준다. 하나는 아무것도 갖지 않았지만 지금 이 순간을 온전히 즐기고 있었고, 다른 하나는 모든 것을 가졌지만 여전히 무언가를 갈구하며 불안해하고 있다. 현대를 살아가는 우리의 모습도 알렉산더 왕과 크게 다르지 않다. 좋은 대학에 들어가면 행복할 것이라고 생각하다가, 막상 들어가면 좋은 직장을 구해야 한다고 생각한다. 좋은 직장에 들어가면 승진해야 한다고 생각하고, 승진하면 더 높은 자리를 원한다. 결혼하면 아이를 가져야 하고, 아이가 생기면 더 큰 집이 필요하다고 생각한다. 이렇게 끊임없이 다음을 추구하다 보면 정작 지금 이 순간을 놓치게 된다. 오늘의 행복을 내일로 미루고, 내일의 행복을 모레로 미루는 사이에 인생은 흘러가 버릴 것이다. 그렇게 우리의 인생은 무지개를 잡으려 계속 쫓아가는 삶을 살게 되는 것이다. 디오게네스가 알렉산더 왕에게 던진 질문은 이런 삶에 대한 근본적인 의문이었다. 왜 우리는 지금 당장 행복할 수 없는가? 왜 모든 조건이 완벽해져야만 만족할 수 있다고 생각하는가? 물론 목표를 갖고 노력하는 것이 나쁜 일은 아니다. 하지만 그 목표를 이루는 과정 자체도 삶의 일부라는 것을 잊어서는 안 된다. 정상에 오르는 것만이 등산의 목적이라면, 정상에 서기까지의 모든 시간은 의미 없는 고통일 뿐이다. 하지만 등산로의 풍경을 즐기고, 동행

하는 사람들과 대화를 나누고, 한 걸음 한 걸음 올라가는 과정 자체에서 기쁨을 찾을 수 있다면, 등산 전체가 행복한 경험이 된다. 디오게네스는 바로 이런 지혜를 보여주었다. 실제로 알렉산더 왕은 32세의 젊은 나이에 세상을 떠났다. 그는 많은 것을 정복했지만, 정작 자신이 찾던 진정한 휴식과 만족은 얻지 못한 것이다. 그렇다면 우리도 생각해 봐야 한다. 언제까지 미래의 행복을 위해 현재를 희생할 것인가? 언제까지 더 많이 가져야 행복할 수 있다고 믿을 것인가? 때로는 디오게네스처럼 멈춰 서서 지금 이 순간을 바라볼 필요가 있다. 그렇게 미래보다 현재를 보게 되면 내가 지금 돈을 벌 수 있다는 것, 건강한 몸을 가지고 있다는 것, 사랑하는 사람들이 곁에 있다는 것 같이 평범하지만, 소중한 것들을 새삼 깨닫게 될 것이다. 채우려고만 했던 탐욕의 마음을 잠시 내려놓고, 이미 우리가 가진 것들에 감사해 보자. 끊임없이 달리기만 했던 발걸음을 멈추고, 지금 이 자리에서 느낄 수 있는 작은 행복들을 발견해 보자. 세상을 다 정복하지 않아도, 모든 것을 다 가지지 않아도, 우리는 지금 충분히 행복할 수 있다. 그리고 그런 지혜를 터득한 사람이야말로 세상의 그 어떤 정복자보다도 진정한 왕이라 할 수 있을 것이다.

"참으로 이상하십니다.
그런 소망이라면 왜 지금 당장 쉬지 못하십니까?"

005

행복은
덜어내는 데 있다

디오게네스는 늘 그렇듯 자신의 거처인 큰 항아리 곁에 앉아 있었다. 한 날은 목이 말라 물을 마시기 위해 항상 지니고 다니던 나무 그릇을 꺼내 들었다. 그 나무 그릇은 그가 소유한 몇 안 되는 물건 중 하나였다. 비록 소박한 모습이었지만, 그에게는 꼭 필요한 도구였다. 그가 물을 마시려는 순간, 한 소년이 시야에 들어왔다. 열두 살 남짓 되어 보이는 그 아이는 맑은 샘물이 흐르는 곳으로 다가가더니 무릎을 꿇고 앉아 두 손을 정성스럽게 모았다. 그러곤 손바닥을 오목하게 만들어 샘물을 고이 담아 마셨다. 소년의 얼굴에는 순수한 만족감이 스며있었다. 그때 디오게네스의 예리한 통찰력이 순간적으로 번개처럼 스쳐 지나갔다. 그는 피식 웃음을 터뜨리며 자신이 손에 쥐고 있던 나무 그릇을 내려다보며 말했다. "저 아이에게 배웠다. 나는 괜히 쓸데없는 짐을 들고 다니고 있었구나." 디오게네스는 신이 인간에게 이미 완벽한 도구를 주셨는데, 왜 인위적인 것을 소유해야 하는가라는 생각에 그 자리에서 주저 없이 나무 그릇을 땅에 버렸다. 그 후 디오게네스는 만족스러운 미소를 지으며 소년처럼 샘물 앞에 무릎을 꿇어 물을 담아 천천히 마셨다. 당시 사람들은 그를 보고 "굳이 저렇게 까지 해야 돼?"라고 생각했었을 것이다. 그러나 사람은 심리적으로 가진 게 많아질수록 지키려는 마음을 가지게 되고, 잃을까 봐 두려움이 따라오게 된다. 그와 반대로 그 불필요한 것을 줄이면 삶이 가벼워지고, 작은 것에도 만족할 수 있는 마음이 생긴다. 이 일화는 자신도 모르게 갖게 되는 소유욕에 대한 철학적 메시지를 담고 있다. 우리도 살다 보면 마음을 편히 가지려고 생각하면서도 계속 욕심을 부리게 될 때가 있다. 특히 인간관계에서 편한 관계를 추구하면서도 자꾸만 더 많은 것을 바라게 된다. 친구에게는 더 큰 관심을 원하고, 연인에게는 더 깊은 애정을 확인받으려 하며, 동료에게는 끊임없는 인정과 지지를 기대한다. 그러나 이런 욕심은 관계를 무겁게 만들고, 결국 상대방을 지치게 한다. 그래서 디오게네스가 그릇을 버리고 맨손으로 샘물을 마시며 느낀 자유로움처럼, 관계에서도 불필요한 기대와 소유욕을 내려놓을 때 진짜 편안함이 찾아온다. 인간관계를 다 끊어내라는 말이 아니다. 인간은, 인간을 통해 살아갈 힘을 얻기 때문이다. 그래서 솔직해야 한다. 마음을 툭툭 털어놓고 마주 보아야 서로의 마음을 이해하고 더 깊은 관계를 만들어 갈 수 있다. 마음을 비우는 것이 곧 더 많은 것을 얻는 길이라는 사실을 잊지 않고, 자신도 모르게 가지게 되는 마음의 욕심을 조금씩 덜어내야 한다. 친구가 있어도 친구가 없어도 불행한 건, 친구의 유무가 아니라 나의 욕심 때문이다. 그러니 모두에게 잘하려는 욕심, 모두에게 사랑받으려는 욕심을 조금 내려놓으면 더 원만하고 좋은 관계를 가질 수 있다. 만약 인생이 불행하다고 느껴진다면 오늘 하루, 불필요한 짐 하나씩을 덜어내 보자. 물건일 수도, 습관일 수도, 마음의 집착일 수도 있다. 무엇이든 복잡하고 과하면 좋지 않다. 디오게네스의 철학처럼 단순하게 생각하며 살아보자.

"저 아이에게 배웠다.
나는 괜히 쓸데없는 짐을 들고 다니고 있었구나."

Chapter. 02

디오게네스의
실천론

Diogenes

001

무례한 말에는
헛소리로 대답해야 한다

철학자 디오게네스는 무례하거나 어리석은 말을 반박하기보다, 재치 있게 그리고 때로는 엉뚱하게 대응하는 사람으로 잘 알려져 있다. 어느 날은 누군가 디오게네스의 행동을 보고 "너는 하는 행동이 짐승 같다"고 말했다. 하지만 디오게네스는 자연에 따라 단순하게 사는 짐승이, 인위적이고 가식 속에 살아가는 인간보다 더 진실하다고 여겼다. 그래서 그는 태연히 "그렇다면 너는 인간이네"라고 말했다. 이 말에는 '네가 인간이라는 사실이 그리 대단한 자랑이냐?'라는 꼬집음이 담겨 있다. 짐승 같다며 던진 모욕이 자신에게 아무런 상처를 주지 못한다는 것을 보여준 것이다. 또 어떤 사람이 디오게네스에게 "사람들이 너를 미쳤다고 한다"고 비웃듯 말했을 때, 디오게네스는 이렇게 말했다. "그렇다면 나는, 미친 사람들 속에서 유일하게 제정신인 사람이라는 뜻이군." 즉, 세상의 다수가 틀린 기준을 따르며 살아가고 있다면, 오히려 그 안에서 '다르다'고 불리는 사람이 진짜 제정신인 사람일 수 있다는 뜻이었다. 이처럼 디오게네스는 무례한 말에 진지하게 상대하지 않았다. 그래서 그는 자신을 깎아내리려는 말에 헛소리에 가까운 대답을 하거나, 우스꽝스럽고 기묘한 말로 상대의 무례를 별거 아닌 것처럼 대했다. 이런 무례함을 겪는 건 개처럼 사는 디오게네스 뿐만이 아닐 것이다. 인생을 살다 보면 결국 무례한 사람들을 만나게 되어 있다. 보통 사람들은 이런 무례함에 "내가 무엇을 잘못 했을까?" "내가 만만해 보이나?" "아 그때 이런 말로 혼내줄걸!"이라며 하루 종일 그 생각을 할 것이다. 하지만 그들의 무례한 말은, 당신이 괴로워했으면 하는 바람에 하는 말이다. 그래서 무례한 개소리에는 똑같이 헛소리로 답해주면 된다. 헛소리로 대응하라는 것이, 똑같은 사람이 되라는 말이 아니다. 그들의 말에 휘둘리지 않고, 가볍게 흘려보내는 태도를 가지라는 것이다. 누군가 "넌 쓸모없어"라고 말한다면 "고마워, 아무도 안 찾아서 오래 쓸 수 있겠네"라며 엉뚱한 헛소리를 해줘도 된다. 그러곤 이상한 소리를 한다면 "너가 하는 말이 나한테 그렇게 들려"라고 반박해줘도 된다. 무례함의 최고의 적은 무심함이다. 무례한 말을 하는 사람은 상대의 반응을 굉장히 중요하게 생각한다. 상대방이 화를 내면 즐기고, 상처받으면 만족해하기 때문이다. 그런데 아무렇지 않게 그 말을 넘겨버리면, 그들은 되레 당황해할 것이다. 그들이 원하는대로 행동해주지 말고 디오게네스처럼, 무심한 태도로 받아치며 "네 말 따위는 신경 안써"라는 메시지를 주는 것도 방법이라면 방법이다. 만약 누군가 무례하게 나를 대한다면 되레 헛소리로 되돌려줘라.

"그렇다면 나는, 미친 사람들 속에서 유일하게 제정신인 사람이라는 뜻이군."

행동은
최고의 논증이다

002

 어느 날, 엘레아학파의 철학자들이 모여 "운동은 불가능하다"라는 제논의 주장을 두고, 복잡한 논리와 변증법을 통해 서로의 견해를 주고받고 있었다. "그리스 신화에서 가장 빠른 발을 가진 영웅 아킬레우스라도 거북이를 따라잡을 수 없다. 왜냐하면 아킬레우스가 거북이가 출발한 지점에 도달할 때, 거북이는 이미 그보다 앞으로 나아가 있고, 아킬레우스가 다시 그 지점에 도달하면 거북이는 또 조금 더 앞으로 가 있기 때문이다. 이런 식으로 무한히 계속되므로 아킬레우스는 영원히 거북이를 따라잡을 수 없다…", "화살이 날아가는 것은 착각이다. 왜냐하면 화살이 날아가는 매 순간을 보면, 그 찰나의 시간 동안 화살은 정확히 한 지점에 위치하고 있다. 이건 정지해 있다는 것이다. 모든 순간이 정지의 연속이라면, 화살은 결코 움직일 수 없다…", "운동이란 한 지점에서 다른 지점으로 이동하는 것이다. 하지만 두 지점 사이의 공간은 무한히 분할할 수 있다. 절반의 절반의 절반, 이렇게 무한히 나눌 수 있는 거리를 어떻게 유한한 시간에 통과할 수 있겠는가? 따라서 운동은 불가능하다…." 철학자들의 말도 안 되는 현학적인 토론이 계속되는 가운데, 구석에서 이를 지켜보던 디오게네스가 헛웃음을 짓더니 벌떡 일어났다. 그리고 아무 말 없이 그 자리에서 이리저리 걸어 다니기 시작했다. 앞으로 몇 걸음, 뒤로 몇 걸음, 그리고 좌, 우로 펄쩍펄쩍 뛰어다녔다. 철학자들이 당황하여 "디오게네스, 진짜 미친 거요? 갑자기 무엇을 하는 것인가?"라고 물었다. 디오게네스는 주위를 맴돌며 대답했다. "제논의 운동 불가능론을 반박하고 있소. 이것보다 더 명확한 논증이 어디 있겠소?" 철학자들은 할 말을 잃었다. 자신들이 잘난 듯 떠들어대던 이론들이 디오게네스의 단순한 행동 하나로 무너져 버렸기 때문이다. 이는 현실과 동떨어진 말도 안 되는 논쟁이 이어질 때는, 몸소 보여주면 빠르게 이해시킬 수 있다는 깨달음을 준다. 그래서 때로는 천 마디 말보다 한 번의 행동으로 증명하면 좋다. 만약 일상을 잘 지내고 있는데 누군가 말도 안 되는 말로 자신의 행동이 정당하다고 주장한다면, 굳이 설득하려 하지 않아도 된다. 말에는 말이 더해지고, 감정에는 감정이 겹쳐 결국 소모적인 싸움만 남는다. 가장 현명한 대응은 디오게네스처럼 몸소 보여주는 것이다. 애초에 현실성 없는 말은 이론으로 설득할 수 없다. 말도 안 되는 것에 자신의 잣대를 들이댄다면 말이 통하지 않을 가능성이 더 크니 행동과 실천으로 보여주고, 허튼소리에 진지하게 대꾸하지 말자. 가끔은 그런 방법이 그 상황을 가장 빠르게 바꿔줄 것이다.

"제논의 운동 불가능론을 반박하고 있소.
이것보다 더 명확한 논증이 어디 있겠소?"

003

근거 없는 규칙은
깨트려야 한다

어느 날 디오게네스가 시장 한복판에서 음식을 먹고 있었다. 그는 간단하게 빵 한 조각과 물 한 모금으로 점심을 해결하고 있었는데, 지나가던 사람들의 눈에는 그런 디오게네스가 마음에 들지 않았다. 당시 그리스 사회는 '소피로쉬네(σωφροσύνη, 절제와 품위)'라는 미덕을 중요시했는데, 공공장소나 길거리에서 음식을 먹는 것이 예의에 어긋나는 일로 여겨졌다. 식사는 집에서, 또는 최소한 사람들 눈에 띄지 않는 곳에서 해야 하는 것이 식사 예절이었다. 특히 교양 있는 시민이라면 더욱 그런 예의를 지켜야 한다고 사람들은 생각했다. 그래서 한 사람이 디오게네스를 꾸짖자 불편하게 생각했던 사람들이 하나둘씩 모여들어 디오게네스를 비난하기 시작했다. "어떻게 이런 곳에서 음식을 드실 수 있습니까!" "품위 없는 행동이에요!" "부끄러운 줄 아십시오!" 디오게네스는 전혀 개의치 않고 계속 식사를 했지만, 사람들의 비난이 계속되자 입을 열었다. "시장 한복판에서 먹는 게 부끄럽다면, 집에서 먹는 것도 부끄러울 일이다." 사람들은 어이가 없었을 것이다. 이게 무슨 말인가? 집에서 먹는 것과 공공장소에서 먹는 것이 어떻게 같을 수 있단 말인가? 그러나 디오게네스는 사람들에게 묻고 있었다. "도대체 먹는 행위 자체의 어떤 부분이 부끄러운가?" 만약 먹는 것 자체가 부끄럽다면, 그것은 장소와 상관없이 부끄러운 일이어야 한다. 하지만 먹는 것 자체가 부끄럽지 않다면, 장소가 달라진다고 해서 갑자기 부끄러운 일이 될 이유는 없다. 이는 사회적 관습의 임의성을 지적하는 것이었다. 배고픔은 자연스러운 생리적 욕구다. 그리고 그 욕구를 해결하기 위해 음식을 먹는 것도 자연스러운 행위인데, 왜 이런 행위를 특정 장소에서는 숨겨야 하는지에 대한 이중성을 지적한 것이었다. 분명, 길거리에서 빵을 먹는 것이 잘못된 일은 아니다. 이걸 보면 당시 사람들이 너무 융통성이 없다고 생각할 수도 있다. 그런데 이런 억지스러운 편견은 우리가 살아가는 사회에서도 수없이 많이 일어난다. 예를 들어, 업무 능력과 정장은 직접적인 관련이 없는데도, 여전히 '양복=신뢰', '청바지=가벼움' 같은 고정된 이미지가 있다. 이는 사회가 정해놓은 형식일 뿐, 실제 업무 능력과는 다르다. 누군가는 정장을 입으면 너무 딱딱하게 보고, 누군가는 청바지를 입으면 예의가 없다고 생각한다. 이러한 관습들을 자세히 살펴보면 합리적 근거 없는 문제이거나, 개인의 고정관념일 때가 많다. 그래서 이런 사회적 관습을 무작정 따르기보다는 디오게네스처럼 "왜 이렇게 해야 하는가? 이 행위의 어떤 부분이 문제인가?"라고 생각하며 그런 규칙들에 의문을 가져볼 필요가 있다. 하나둘 의문을 갖다 보면, 무엇이 맞고 틀린 지 그리고 그것을 꼭 해야 한다면 왜 해야 할 수밖에 없는지 알게 된다. 그렇게 따져보지 않고 맹목적으로 따르는 것은 생각 없는 순응일 뿐이다. 순응하면서 사는 삶은 언젠가 불만과 의심이 찾아오기 마련이다. 그래서 중요한 것은 규칙을 무조건 거부하거나 무시하는 것보다는, 그것이 진정으로 의미 있는 것인지 가려내는 일이다. 가려낸 후 나에게도, 타인에게도 모두에게 필요하고 합리적인 것이라면 기꺼이 지키면 된다. 단지 "원래 그런 거니까"라는 이유뿐이라면 과감히 하지 않아도 된다. 그렇게 선택하고 판단하는 과정이 쌓일수록 우리는 점점 더 자유로워지고, 억압이 아닌 주체적 삶을 살 수 있을 것이다. 디오게네스가 사회적 편견 앞에서 보여준 태도 역시 이런 익숙함을 당연히 여기지 않는 태도였다. 그는 남들이 당연하게 여기는 것에 의문을 던졌고, 그 질문 속에서 본질을 찾았다. 우리 역시 삶에서 수많은 상황을 마주할 때, "사람들이 다 그렇게 하니까"라는 이유만으로 따라가기보다 스스로 생각하는 자세를 가져보자. 때로는 그

의문이 불편함을 만들 수 있겠지만, 불편함은 곧 사고의 확장을 의미한다. 이런 사고의 확장을 통해 얽매이지 않는 자유로운 삶을 살 수 있다.

**"시장 한복판에서 먹는 게 부끄럽다면,
집에서 먹는 것도 부끄러울 일이다."**

004

변명은 약하고
침묵은 강하다

 누군가 디오게네스에게 "사람들의 비방을 어떻게 하면 멈출 수 있습니까?"라고 물었던 적이 있었다. 그는 "자신을 닦는 것, 그리고 변명하지 않는 것."이라고 대답했다. 아마 질문자는 더 구체적인 설명을 기대했을 것이다. 어떤 말로 반박해야 하는지, 어떤 방식으로 자신을 방어해야 하는지 알고 싶어 물었을 테니 말이다. 디오게네스는 평생 수많은 비난과 조롱을 받았다. 사람들은 그를 미치광이라 불렀고, 개라고 불렀으며, 사회의 낙오자라고 손가락질했다. 그러나 그는, 사람들의 말문을 막아버리는 답변을 하며 그런 상황들을 현명하게 대처한 적이 있었다. 이런 그에게서 더 현명한 답이 나올 것이라고 기대했지만, 너무 간결한 답변에 그는 고개를 갸우뚱거렸다. 그러자 디오게네스는 말했다. "그들이 말한 것이 사실이라면 나는 나 자신을 고쳐야겠지요. 그러나 사실이 아니라면, 그것은 나와 아무 상관이 없는 일이오." 즉, 남들이 비방할 만한 빌미를 주지 않도록 스스로를 단정하게 하고 자신과 상관이 없다면 신경 쓰지 말라는 말이다. 생각해 보면 정말로 내가 옳은 일을 하고 있다면, 남들의 비방이 두렵지 않게 된다. 예를 들어, 환경을 지키기 위해 일회용품 대신 텀블러를 들고 다니는 사람이 있다고 해 보자. 어떤 이들은 "괜히 불편하게 산다"거나 "티 내려고 저러는 거다"라며 비아냥거릴 수 있다. 하지만 그 사람은, 자신이 하는 일이 분명히 옳다는 확신이 있기에 흔들리지 않는다. 결국 시간이 흐른 뒤에는 오히려 그런 행동이 사회적 기준이 되고, 그를 비웃던 사람들이 뒤늦게 따라 하게 된다. 이때 오히려 알지도 못하고 비방하는 사람들이 멍청하고 우습게 보일 것이다. 그래서 디오게네스는 뒷말에 '변명하지 않는다'라는 말을 붙인 걸지도 모른다. 그러나 대부분의 사람은 비판을 받으면 즉시 변명하고 해명하려 든다. 자신이 왜 그런 행동을 했는지, 어떤 사정이 있었는지 열변을 토한다. 하지만 디오게네스는 이런 반응이 오히려 상황을 악화시킨다고 보았다. 변명하는 순간, 변명을 듣는 사람들은 "방귀 뀐 놈이 성낸다"고 생각하게 되기 때문이다. 실제로 디오게네스는 누군가 자신을 비판할 때 단 한 번도 변명하지 않았다고 한다. 대신 그는 자신이 옳다고 믿는 말과 행동을 했고, 때로는 비난하는 사람들에게 긴 설명을 늘어놓는 대신, 재치 있는 한 마디로 상황을 정리했다. 의외로 이런 태도가 오히려 더 강력한 효과를 가져왔다. 사람들은 점차 디오게네스의 진정성을 알아보기 시작했고, 그의 행동에 그만의 철학이 있다는 것을 깨달았다. 그리고 시간이 지나면서 그의 철학을 존경하게 되었다. 우리가 디오게네스의 조언에서 주목할 점은 비방을 '막는' 방법이 아니라 '멈추게 하는' 방법을 제시했다는 것이다. 비방 자체를 원천적으로 차단하는 것은 불가능하지만 그것이 지속되지 않게 만드는 것은 가능하다. 물론 모든 상황에서 침묵이 최선은 아니다. 가끔은 명확한 해명이 필요할 때가 있고, 또 너무 과한 말과 행동에는 짖어주거나 물어야 할 때도 있다. 하지만 그것이 감정적으로 반응하게 될 때는 대부분 역효과를 낸다. 그래서 누군가 나를 비난하고 있다면, 감정적으로 서둘러 변명하기보다는 먼저 자신을 돌아보면 된다. 그리고 정말 자신이 잘못한 행동과 말을 하지 않았다면, 침묵으로 자신의 확고한 태도를 보여주면 그 비난은 점점 줄어들게 되어 있다. 결국 중요한 것은 비방에 끌려다니지 않는 것이다. 상대의 말 한마디에 일일이 반응하며 소모적인 싸움을 벌이는 대신, 나의 삶과 행동으로 대답하는 것이 더 큰 힘이 된다. 시간이 지나면 사람들은 말보다 태도를 보게 되고, 그 태도가 흔들림 없이 단단하다면 근거 없는 비난은 저절로 힘을 잃게 되기 때문이다. 진실은 언제나 드러나는 법이니, 성급하게 대응하기보다 묵묵히 옳은 길을 걸어가자.

"그들이 말한 것이 사실이라면
나는 나 자신을 고쳐야겠지요.
그러나 사실이 아니라면,
그것은 나와 아무 상관이 없는 일이오."

괴물을 이기려면
더한 괴물이 되어야 한다

화려한 연회가 열리고 있던 어느 저택. 부유한 이들이 모여 술잔을 기울이며 담소를 나누고 있었다. 그 자리에 소박한 차림의 디오게네스가 들어섰다. 견유학파 철학자인 그는 화려한 분위기 속에서 더욱 도드라져 보였다. 몇몇 사람들은 곧 그를 비웃기 시작했다. 그들에게는 놀리기 좋은 장난감이 나타난 셈이었다. 마침, 식탁에 남은 고기 뼈가 눈에 띄자, 그들은 서로 눈짓하며 음흉한 미소를 지었다. "저기 개가 왔네!" "개에게는 뼈를 줘야지!"라며 길거리 개에게 먹이를 던지듯 디오게네스 앞 바닥에 뼈를 내던졌다. 연회장은 순간 조용해졌고, 모든 시선이 그에게 쏠렸다. 디오게네스는 아무 말 없이 그 뼈를 받아들었다. 사람들은 그가 굴복했다고 생각하며 더 크게 웃어댔다. 그러나 그것은 그의 계획의 시작에 불과했다. 연회가 끝나고 사람들이 자리를 뜰 무렵, 디오게네스도 천천히 일어났다. 그는 뼈를 던진 사람에게 다가가더니, 개처럼 행동하며 그에게 오줌을 갈겼다. 놀란 상대가 분노하며 "도대체 이게 무슨 짓이냐!"라고 소리치자, 디오게네스는 담담히 말했다. "당신이 나를 개처럼 대했으니, 나도 개처럼 행동한 것뿐이오." 연회장의 사람들은 디오게네스를 하등한 존재로 취급하며 모욕했지만, 그는 그들의 행동이 얼마나 우스꽝스럽고 모순적인지를 극단적인 방식으로 드러냈다. 이처럼 눈에는 눈, 이에는 이의 방식은 무례한 사람들에게 매우 효과적이다. 괴물을 이기려면 더한 괴물이 되어야 한다. 나도 그에 상응하는 방식으로 대응하면 자신이 얼마나 나쁜 짓을 했고, 생각 없이 행동했는지 알게 되기 때문이다. 그렇다고 해서 위험하거나 범죄적인 방식으로 똑같이 갚아주라는 말은 아니다. 무례한 행동을 하는 사람은 자신이 한 행동에 대해 크게 반성하기보다 복수를 계획할 가능성이 크다. 그렇기에 똑같은 사람이 되는 것보다 건설적이고 품위 있는 태도로 되갚아주면 된다. 예를 들어 직장에서 상사가 부하직원을 단순한 도구처럼 대한다면, 나 역시 공과 사를 명확히 구분해 업무에 필요한 대답과 행동만 하면 된다. 또한 누군가 나를 무시하고 함부로 대한다면, 그 관계를 과감히 끊어내는 것도 옳다. 더 이상 그 사람에게 친절을 베풀 의무는 없다. 그가 자신만 특별한 존재라 여긴다면, 나 또한 부모님에게는 세상 누구보다 소중한 존재임을 잊지 말아야 한다. 그러니 그런 사람과는 적절히 거리를 두고, 선을 그으면 된다. 그러나 여기서 더 중요한 것은 디오게네스가 남긴 진짜 메시지다. 그는 '복수'가 아니라 '돌아봄'을 일깨우고 싶어 했다. 내 주변에 나를 괴롭히는 사람이 있는지, 그들에게 어떻게 대응하는 것이 최고의 복수인지 고민하기 전에, 혹시 나 또한 연회장에서 뼈를 던진 사람들처럼 누군가를 하찮게 여기고 있지는 않은지, 사회적 지위나 외모로 타인을 가볍게 대하지는 않았는지 성찰해야 한다는 것이다. 타인의 존엄을 무시하는 순간, 결국 내 존엄성도 함께 훼손된다는 점을 잊지 말아야 한다. 그렇기에 먼저 주변의 잘못을 탓하기보다 나 자신이 그런 행동을 하고 있지는 않은지 살펴볼 때, 우리는 더 성숙한 관점으로 세상을 바라볼 수 있고, 인간의 존엄성을 침해하는 사람에게 디오게네스처럼 더욱 당당하게 행동할 수 있을 것이다.

**"당신이 나를 개처럼 대했으니,
나도 개처럼 행동한 것뿐이오."**

Chapter. 03

디오게네스의
통찰론

Diogenes

001

현실 위에 이상을
세워야 한다

 어느 날 플라톤이 제자들과 함께 자신의 이데아론을 열정적으로 설명하고 있었다. 그는 말했다. "우리가 보는 모든 사물은 완벽한 형상의 그림자에 불과하다네. 이 세상의 책상들은 모두 '책상다움'이라는 이데아를 불완전하게 모방한 것이고, 술잔들은 '술잔다움'이라는 본질을 흉내 낸 것일 뿐이지." 그때 마침 그곳을 지나가던 디오게네스가 플라톤의 말을 듣고는 걸음을 멈췄다. 그는 주위를 둘러보더니 책상과 술잔을 가리키며 태연하게 말했다. "이상하군. 내 눈엔 저기 책상이 보이고, 여기 술잔도 보이는데 말이야. 그런데 자네가 말하는 '책상다움'이라든지 '술잔다움'은 전혀 안 보이지 않는가?" 플라톤과 제자들은 당황했다. 플라톤이 참을성 있게 설명하려 했지만, 디오게네스는 이미 자리를 떠나고 있었다. 디오게네스는 플라톤의 이상주의 철학에 날카로운 비수를 꽂았다. 플라톤은 우리가 감각으로 경험하는 현실 세계 너머에 완벽하고 영원한 이데아의 세계가 있다고 주장했다. 현실의 모든 사물은 그 이데아의 불완전한 복사본에 불과하다는 것이다. 그래서 진정한 지식을 얻으려면 감각적 경험을 넘어 이성을 통해 이데아를 파악해야 한다고 했다. 하지만 디오게네스는 보이지도 않고 만질 수도 없는 '책상다움'이나 '술잔다움'을 논하는 것은 현실에 쓸모없는 생각이라며 거부했다. 그에게는 플라톤의 이데아론이 현실로부터 도피하기 위한 것, 즉, 추상적이고 이상적인 세계를 상정함으로써 지금 현실의 구체적인 삶과 문제들을 외면하게 만드는 것이었다. 물론 플라톤의 이데아론이 서양 철학에 미친 영향은 지대하다. 하지만 디오게네스의 비판 역시 무시할 수 없는 가치를 지닌다. 그의 철학은 불편할 정도로 직설적이지만, 그 거친 말과 행동 속에 우리가 외면해 온 진실이 담겨 있기 때문이다. 이런 딜레마에 갇힌 진실은 우리의 삶에서도 쉽게 마주할 수 있다. 당장의 어려움에 아무것도 하지 않고 기적이 이뤄지길 바라거나, 일은 전혀 하지 않으면서 로또에 당첨되길 바라는 허망한 기대를 하는 것처럼 말이다. 그래서 디오게네스의 철학처럼 아침에 일어나 작은 습관을 지키는 것, 사람을 대할 때의 태도, 맡은 일을 책임감 있게 해내는 것, 이런 현실적인 작은 태도가 기적을 만든다. 씨앗을 심지 않고 열매를 바라는 것은 욕심일 뿐이다. 늘 현실 위에 자신의 이상을 세워야 한다. 그래야 어려움이 있어도 한 걸음씩 움직이고, 실패가 있어도 다시 일어서며, 바라는 이상을 현실에서 실현할 수 있게 된다. 현실을 무시한 이상은 오래가지 못하고, 현실 속에서 만들어진 신념은 흔들리지 않는다. 백번 천번 "나는 될 놈이다"라고 외쳐 봤자. 집 안에 가만히 있는 사람은 아무것도 바뀌지 않을 것이다. 그렇다고 추상적 사고와 이론적 탐구가 무의미하다는 것은 아니다. 다만 그것이 현실과 완전히 단절되어서는 안 된다는 것이다. 디오게네스가 플라톤과 그의 제자들에게 남기고 간 교훈은 명확하다. 보이지 않는 것을 찾아 헤매는 동안 보이는 것을 놓치지 말라는 것. 그리고 철학은 삶을 위해 존재하는 것이지, 삶이 철학을 위해 존재하는 것이 아니라는 것이다.

**"그런데 자네가 말하는 '책상다움'이라든지
'술잔다움'은 전혀 안 보이지 않는가."**

002

세상의 가장
무거운 짐

 어느 날 누군가 디오게네스에게 물었다. "세상에서 가장 무거운 짐은 무엇입니까?" 그의 대답이 궁금해진 사람들은 조용히 귀를 기울였다. 아마 거대한 바위나 무거운 금속, 혹은 감당하기 힘든 책임과 의무 같은 답을 예상했을 것이다. 그러나 디오게네스의 대답은 전혀 뜻밖이었다. "무식한 사람이다." 그 말에 질문자는 순간 말을 잃고 깊은 생각에 잠겼다. 사람이 어떻게 짐이 될 수 있단 말인가? 하지만 시간이 지나 곱씹어보니,

그 속에 담긴 진리를 이해하게 되었다. 디오게네스가 굳이 '무지한 사람'이 아니라 '무식한 사람'이라고 말한 데에는 분명한 이유가 있었다. 무지와 무식은 모두 지식이 부족하다는 의미로 사용되지만, 무지는 단순히 특정 분야에 대해 모르는 상태이고, 무식은 배우지 않거나 보고 듣지 않아 아는 것이 없는 상태를 말한다. 조금 더 이해를 하기 위해 무식한 사람의 특징을 살펴보면 첫째, 무식한 사람은 자신의 무지를 모른다. 소크라테스가 "나는 내가 모른다는 것을 안다"고 했듯이, 진정한 지혜는 자신의 한계를 아는 것에서 시작된다. 하지만 무식한 사람은 자신이 모든 것을 안다고 착각한다. 이런 사람과 대화하거나 함께 일하는 것은 매우 피곤한 일이다. 둘째, 무식한 사람은 가르치기 어렵다. 지식이 부족한 사람은 배울 수 있지만, 무식한 사람은 배우려 하지 않는다. 자신이 이미 다 안다고 생각하기 때문이다. 이런 사람에게 무언가를 전달하려면 엄청난 감정 소모와 인내가 필요하다. 셋째, 무식한 사람은 주변 사람들을 지치게 만든다. 잘못된 정보를 퍼뜨리고, 근거 없는 주장을 고집하며, 함께 있으면 모든 것을 어렵게 만든다. 넷째, 무식한 사람은 사회 전체의 발전을 저해한다. 개인의 무식함은 한 사람의 문제로 끝나지 않는다. 틀린 판단으로 인한 결정들이 많은 사람들에게 피해를 준다. 이런 무식한 이들의 특징을 생각 해보면 무지한 자가 아니라, 무식한 사람이 짐이라고 한 것이 이해가 간다. 실제로도 사회 생활을 하다 보면 깨닫게 되는 사실이 있다. '착하지만 무식한 사람'은 없다는 것이다. 무식하다는 건 결국 고집이 세다는 뜻이다. 상대에 대한 예의도 없고, 타인의 감정이나 분위기를 읽으려는 노력조차 하지 않는다. 즉, 단순히 모른다고 무식한 사람이 되는 것이 아닌, 자신의 틀에 박혀서 누구의 말도 듣지 않고 배움이 없는 사람이 무식한 사람이 되는 것이다. 그래서 우리는 무식한 사람이 되지 않기 위해서 항상 겸손한 자세로 배울 점을 찾아야 하며, 모르는 것에 "나는 모른다"고 말할 수 있는 용기를 가져야 한다. 배우고자 하는 사람은 결국 성장해서 주위에도 빛을 비출 것이고, 배우지 않으려는 사람은 결국 자신과 타인 모두를 가두고 어둡게 만들 것이다. 그렇기에 우리는 늘 열린 마음을 지니고, 모름을 고백하는 용기로 한 걸음 더 나아가야 한다. 그것이 곧 자신을 자유롭게 하고, 타인에게도 기쁨이 되는 길이다.

"무식한 사람이 가장 무거운 짐이다."

003

정직한 개로 살 것인가, 위선자로 살 것인가

디오게네스는 종종 사람들 앞에서 자신을 소개할 때 거리낌 없이 말했다. "나는 개다." 당시 그리스 사회에서 개는 비천한 동물로 여겨졌기에, 사람들은 그가 스스로를 그렇게 낮추는 이유를 이상하게 생각했다. 누군가 물었다. "왜 자신을 개라고 부르십니까?" 디오게네스는 웃으며 대답했다. "나는 개다. 주는 이에게는 꼬리를 흔들고, 주지 않으면 짖으며, 나쁜 자는 물어뜯는다." 디오게네스가 스스로를 개라 부른 것은 개의 본성

속에서 인간이 잃어버린 가장 순수한 덕목들을 발견했기 때문이다. 개를 생각해 보자. 개는 거짓이 없다. 좋으면 좋다고 꼬리를 흔들고, 싫으면 싫다고 짖는다. 자신의 감정을 숨기거나 꾸미지 않는다. 위선도, 가식도 없다. 그저 본능에 충실하게, 정직하게 반응할 뿐이다. 반면 인간은 어떠한가? 마음속으로는 싫어하면서도 겉으로는 웃으며 인사한다. 존경하지도 않는 사람에게 아첨하고, 미워하는 이에게도 친절한 척한다. 진심과 겉모습이 다르고, 말과 행동이 일치하지 않는다. 이것이 바로 인간 사회가 요구하는 '예의'이고 '교양'이라는 것이다. 디오게네스는 이런 인간 사회의 위선을 거부했다. 그래서 스스로를 개라 불렀다. 실제로도 그의 삶은 이 원칙을 그대로 따랐다. 그는 가난한 이들에게는 따뜻했고, 권력자들에게는 냉소적이었다. 진실을 말하는 이에게는 존경을 표했고, 거짓말쟁이는 가차 없이 공격했다. 선한 이에게는 친절했지만, 악한 이에게는 독설을 퍼부었다. 당시 사람들은 그를 무례하고 버릇없다고 비난했다. 하지만 디오게네스는 개의치 않았다. 오히려 그런 비난이야말로 자신이 올바르게 살고 있다는 증거라고 생각했다. 어쩌면 이런 그의 철학은 착한 사람들이 가져야 할 태도에 방향성을 제시해 준다. 아무리 선한 마음을 지녔다 해도, 부당한 상황이나 악의적인 행동 앞에서는 짖을 줄도, 때로는 물어뜯을 줄도 알아야 하기 때문이다. 대부분, 착한 사람들은 언제나 착할 것이라고 생각한다. 하지만 착한 사람들은 공감 능력이 뛰어난 것이지 호구가 아니다. 타인에게 친절을 베푸는 사람은 그만큼 자신이 싫은 게 많고, 그만한 불편함을 겪어본 사람이다. 그래서 내가 타인에게 그런 불편함을 느끼게 해주고 싶지 않아 친절을 베푸는 것이다. 하지만 악한 사람들은 이를 간과하고 착한 사람들을 쉽게 대한다. 이런 말이 있다. '착한 사람은 악한 사람이 얼마나 악한지 모르고, 악한 사람은 착한 사람이 얼마나 착한지 모른다.' 그래서 착한 사람들이 디오게네스의 마인드를 갖추면 인생에 큰 도움이 된다. 먼저 '주는 이에게 꼬리를 흔든다'는 것은 진정으로 베푸는 사람에게는 솔직하게 감사를 표현한다는 뜻이다. '주지 않으면 짖는다'는 것은 말만 번지르르하고 행동이 따르지 않는 사람, 일방적으로만 받기만 하려는 사람, 당연하게 여기며 고마워할 줄 모르는 사람들에게는 비판을 가한다는 의미다. 착한 사람들은 배려가 무엇인지 알기 때문에, 가짜 친절이나 이기적인 태도를 더 쉽게 알아본다. 그러나 대부분 그냥 이해하고 넘어가 주는데, 무례한 사람들은 착한 사람들의 이런 태도를 얕보기 때문에, 그들이 더 이상 얕보지 않게 잘못된 것은 잘못됐다고 말해줘야 한다. '나쁜 자는 물어뜯는다'는 것은 악한 이를 그냥 두지 않고 맞서 싸운다는 의미이다. 착한 사람들은 악의적으로 자신을 이용하려 하거나 해를 끼치려는 사람들에게 관대할 때가 많다. 그래서 대부분 화를 내기보다 조용히 관계를 끊는다. 그러나 악의적으로 해를 끼치려는 사람에게는 단호히 맞서고, 그 행동을 분명히 드러내며 책임을 묻고, 다시는 같은 피해가 반복되지 않도록 보여줘야 한다. 그들은 가만히 있으면 또다시 자신의 힘듦, 외로움, 아픔 등을 드러내며 마치 본인이 새 사람이 된 것처럼 다가온다. 하지만 시간이 흘러 편해지고 익숙해진다면 다시금 똑같이 행동할 것이다. 사람은 잘 변하지 않는다. 그들이 변하는 방법은, 정말 큰일 났다 싶은 큰 충격을 받아야만 변하게 되어 있다. 그래서 나쁜 사람일수록 더욱 단호하고 강하게 말해야 한다. 착한 것과 바보인 것은 다르다. 착한 사람들도 때로는 짖을 줄 알고, 물 줄도 안다. 바보는 자신이 당해도 가만히 있는다. 그렇기에 바보가 되지 말고, 착한 사람이 되어라. 싫은 것에 싫다고 말하고 아닌 것에 아니라고 말해줘야 한다. 착한 사람들은 너무 많은 가면을 쓰고 살아간다. 이해한 척, 괜찮은 척, 상처 안 받은 척. 진짜 내 감정과 생각을 솔직하게 드러내는 것을 두려워한다. 관계가 틀어질까 봐, 다시는 못 볼까 봐, 더 큰 상처를 입을까 봐 끊임없이 자신을 위장한다. 하지만 디오게네스는 묻는다. '그렇게 살아서 행복한가? 진짜 나를 숨기고 가짜 나를 내세우며 사는 것이 과연 의미 있는 삶인가? 차라리 개처럼 솔직하게, 본능에 충실하게, 정직하게 사는 것이 더 자유롭지 않겠는가?' 물론 상대방에 대한 최소한의 예의와 배려는 필요하다. 하지만 그것이 자신을 숨기고, 위선적으로 살아야 한다는 뜻은 아니다. 디오게네스가 말하는 것은 극단적 무례함이 아니라, 근본적인 정직함이다. 좋은 것에는 좋다고, 나쁜 것에는 나쁘다고 말할 수 있는 용기. 진정으로 존경하는 이에게만 존경을 표하고, 악한 이를 보고도 침묵하지 않는 양심. 타인의 시선보다 자신의 진실에 충실한 삶. 이것이 바로 디오게네스가 '개'라는 이름 속에 담고자 했던 철학이다. 그렇다면 당신에게도 묻고 싶다. 교양 있는 위선자로 사는 것과 정직한 개로 사는 것 중 무엇을 택하겠는가? 수많은 가면 뒤에 숨어 사는 것과 한 개의 진실한 얼굴로 사는 것 중 어느 것이 더 인간다운 삶인가? 인간다운 삶은 어렵지 않다. 당신에게 진심으로 다가오는 사람이라면 꼬리를 흔들면 될 것이고, 말만 번지르르하고 행동으로 보여주지 않으면 처신을 똑바로 하라 짖으면 될 것이고, 당신을 이용하려는 자는 다시는 만만하게 보지 못하도록 물어버리면 될 것이다.

"나는 개다. 주는 이에게는 꼬리를 흔들고,
주지 않으면 짖으며, 나쁜 자는 물어뜯는다."

004

사람을 알려거든
분노하는 지점을 봐야한다

사람들에게 정말 힘들 때 찾아와 줄 수 있는 친구가 몇 명이나 되냐고 물으면, 대부분 그 많고 많은 연락처 중에서도 다섯 명이 채 되지 않는다고 말한다. 알고 지내는 사람은 수없이 많아도, 진심으로 마음을 털어놓을 수 있는 사람을 찾기는 쉽지 않다. 어쩌면 처음엔 좋은 사람 같아 가까워졌지만 알고 보니 이상한 면모가 드러나기도 하고, 진짜 친구라 믿었지만 필요할 때만 연락하는 이들이 많았기 때문에, 점점 연락처 숫자만 늘

어나는 것일지도 모른다. 디오게네스 역시 이러한 정직한 관계의 결핍을 날카롭게 지적한 일화가 있다. 그는 대낮의 환한 햇볕 아래에서 등불을 켜 들고 거리를 돌아다녔다. 사람들은 그를 보고 웅성거리며 수군댔다. "저 사람이 드디어 정신이 나갔나?" "대낮에 등불을 들고 다니다니 미쳤군" 결국 한 사람이 참지 못하고 디오게네스를 보고 외쳤다. "이보게 디오게네스, 대낮에 왜 등불을 들고 다니는 것이오? 해가 이렇게 밝은데" 디오게네스는 주변을 둘러보며 말했다. "나는 사람을 찾고 있소." 그 말을 들은 사람들은 어리둥절해했다. "무슨 소리요? 여기 사람들이 이렇게 많지 않소." 그러나 디오게네스는 고개를 저으며 대답했다. "나는 정직한 사람을 찾고 있소. 정말 눈을 씻고 뒤져봐도 그런 이를 찾을 수 없구나!" 그는 등불을 들고 계속 걸었다. 그가 말하고자 했던 건, 사람의 형상을 한 존재는 많지만, 욕망과 체면, 탐욕에 매이지 않고 진실하게 사는 인간은 드물다는 현실을 꼬집은 것이다. 아무리 밝은 대낮이라 해도 사람들의 내면은 가식이라는 어둠에 가려져 있고,

그 어둠을 걷어내어 참된 모습을 찾기란 쉽지 않다. 오늘날도 다르지 않다. 직장과 학교, 그리고 일상 속에서 우리는 많은 사람을 만나지만, 그중 누가 나를 존중하는지, 또 나를 진심으로 대하는지 알지 못한 채 살아간다. 그렇기에 우리는 외적인 조건이나 첫인상만으로 사람을 쉽게 판단해서는 안 된다. 고작 백 년 남짓한 인생에서 관계를 가볍게 선택한다면, 그 인생의 절반 이상을 맞지 않는 이들과 다투거나 불필요한 감정 소모로 낭비하게 될지도 모른다. 나를 소중하게 대하는 사람을 찾으려면 그 사람의 마음을 보는 눈을 길러야 한다. 말과 행동이 일치하는지, 자신의 이익보다 옳은 것을 선택할 수 있는지, 내가 싫다고 한 일을 존중해 주는지 등 무수히 많다. 하지만 가장 빠른 방법은 그 사람이 무엇에 분노하는지를 보면 그 사람의 인성을 쉽게 알 수 있다. 약자에게 화를 내는지, 강자에게 화를 내는지, 혹은 공정하지 못한 상황과 불의에 분노하는지를 살펴보면 그 사람의 진짜 품성을 엿볼 수 있다는 것이다. 누군가는 작은 불편이나 자존심이 상하는 순간에 폭발하여

주변 사람들을 괴롭히지만, 어떤 사람은 사회적 불평등이나 타인의 억울함 앞에서 화를 낸다. 전자는 자기중심적인 분노이며, 후자는 타인을 향한 공감과 정의감을 기반으로 한 분노라 할 수 있다. 이처럼 사람이 무엇을 향해 분노하는지를 보면 그가 어떤 가치를 추구하며 어떤 윤리를 지니고 살아가는지 드러난다. 사소한 무례에만 집착하는 사람은 자기 보호적 성향이 강하지만, 타인의 고통에 분노하는 사람은 공동체적 성향을 가진다. 직장에서 상사에게는 침묵하면서 후배나 직원에게만 화를 내는 사람은 권력 앞에서 위축되고 힘없는 이를 대상으로 자신의 불만을 해소하는 비겁한 인성을 드러낸다. 반대로 부당한 지시나 불합리한 제도 앞에서 목소리를 내는 사람은 비록 불편을 감수하더라도 올곧은 태도를 지닌 것이다. 결국 분노의 방향과 대상은 그 사람의 삶의 태도와 도덕적 기반을 드러낸다. 따라서 우리는 화를 내는 모습을 나쁘게만 보기보다, 그 분노가 어디를 향하고 있는지, 어떤 가치관을 반영하고 있는지를 통해 사람의 인성을 판단해야 한다. 분노는 곧 그 사람의 내면을 비추는 거울이다. 무엇보다 인간관계에서 중요한 것은 숫자가 아니라 깊이다. 진심으로 곁에 있어 주는 사람은 많지 않기에, 우리는 더욱 신중히 관계를 선택하고 가꾸어야 한다. 겉으로 드러나는 친절이나 말뿐인 호의에 속지 않고, 그 사람이 위기 속에서 어떤 태도를 보이는지를 지켜보는 눈을 길러야 한다. 인생은 짧고 소중하기에, 외로움을 채우기 위해 아무나 곁에 두지 말자. 그렇게 모래밭에서 바늘 찾은 듯 발견한 진실한 인연이, 수많은 가벼운 인연보다 훨씬 더 큰 힘이 되어줄 것이다.

"나는 정직한 사람을 찾고 있소.
정말 눈을 씻고 뒤져봐도 그런 이를 찾을 수 없구나!"

005

내 방식이 아니라
상대가 원하는 방식

플라톤과 디오게네스의 철학을 보면 이론가와 실천가의 차이를 극명하게 보여준다. 플라톤은 관념의 완벽함을 추구했고, 현실에서도 그 완벽함을 구현하려 했다. 반면, 디오게네스는 실용적이고 현실적이었다. 그에게 중요한 것은 이론이나 관념보다는 일상의 구체적인 방법이었다. 그들의 차이를 보여주는 일화가 있다. 어느 날, 디오게네스가 플라톤에게 부탁했다. "포도주 조금과 말린 무화과 몇 개만 주겠나?" 플라톤은 마음이 넓은 사람이었기에, 부탁받은 것보다 훨씬 많은 양을 항아리에 가득 채워 보냈다. 항아리에는 포도주와 말린 무화과가 넘칠 정도로 담겨 있었다. 그 모습을 본 디오게네스는 고개를 저으며 말했다. "당신은 2+2가 얼마냐고 물으면, 20이라고 대답하는가?" 플라톤의 관대함이 아름다운 덕목임은 분명하지만, 디오게네스에게는 하루를 살아갈 만큼의 음식이면 충분했기에 그 이상의 것은 오히려 짐이 될 뿐이었다. 즉, 관대함이란 결국 상대의 필요와 맞닿아 있을 때만 진정한 의미를 가진다. 상대가 4를 원하는데 20을 주는 것은 배려가 아니라 오히려 강요나 부담이 될 수 있으며, 때로는 일종의 폭력으로 작용할 수도 있다. 이처럼 누군가를 돕거나 무언가를 베풀 때는 내가 좋은 뜻으로 했다는 이유만으로 만족할 것이 아니라, 그 말과 행동이 상대에게 어떤 의미로 다가갈지를 먼저 고민해야 한다. 예를 들어 가족이라는 이유로, 친구라는 이유로 무심코 한 말이 상대에게는 부담이 되는 말이 될 수도 있다는 것이다. "이렇게 해주면 좋아하겠지?", "좀 더 편하겠지?"라고 혼자 생각하고 혼자 결론을 내리는 것은 어찌 보면 오만일 수도 있다. 그래서 관대함은 나의 기준이 아니라 상대의 기준에 맞추어야 한다는 점을 잊지 말아야 한다. 플라톤이 선한 마음으로 넘치는 선물을 내밀었지만 정작 디오게네스에게는 짐이 되었던 것처럼, 아무리 선의에서 비롯된 행동이라 해도 그것이 상대에게 불필요하거나 지나치다면 오히려 부담이 될 수 있다. 누군가를 돕거나 위로할 때 중요한 것은 "내가 주고 싶은 것"이 아니라 "상대가 정말 원하는 것"을 먼저 헤아리는 일이다. 그것이 비록 작더라도 상대에게 꼭 필요한 것이라면 그 작은 배려가 진정한 선이 되며, 반대로 아무리 크고 화려해도 상대에게 필요하지 않다면 그 배려는 악이 될 수 있다. 결국 사람을 대할 때 필요한 것은 '내 마음'이 아니라 '상대의 마음'을 먼저 살피는 지혜다. 잠시 멈추어 타인의 입장에서 바라보려는 노력 속에서 다정함이 깃들고, 그 다정함이 상대의 마음을 움직인다. 상대가 무엇을 필요로 하는지를 묻고, 그 답에 귀를 기울이는 순간부터 비로소 배려와 사랑이 시작될 것이다.

"당신은 2+2가 얼마냐고 물으면,
20이라고 대답하는가?"

Chapter. 04

디오게네스의 가치론

Diogenes

001

바람과 물은
국경을 알지 못한다

 디오게네스는 시대적 배경에 비해 좀 색다른 사상을 갖고 있었다. 《유명한 철학자들의 생애와 사상》에서 기록한 바에 따르면, 그는 "모든 것은 모든 것 속에 있고, 모든 것에 배어 있다."고 말했다고 한다. 쉽게 말해, 사람의 살 일부는 빵 속에도 있고, 빵의 일부는 야채 안에도 있다는 논리인데 눈에 보이지 않는 입자들은 결국 죽고 살아남을 반복하면서 서로 섞이고 순환한다는 것이다. 이 사상은, 현대의 생태학적 관점에서도 충분히 맞는 이론이기도 하다. 사람이 죽으면 몸의 일부는 미생물에 의해 분해되고, 그 일부는 식물의 뿌리를 통해 흡수된다. 그래서 식물 속에는 동물이었던 것의 흔적이 남아있기도 한다. 이런 방식으로 모든 존재는 서로를 부분적으로 품고 있다. 이러한 사상에서 디오게네스는 만물이 서로를 품고 있기 때문에, 만물은 그 자체로 평등하다고 보았다. 그래서 누군가 그에게 "어느 출신이냐"고 물었을 때, 그는 주저 없이 이렇게 답했다고 한다. "나는 세계의 시민이다." 디오게네스가 말한 세계시민 사상 즉 '코스모폴리타니즘'은 디오게네스의 이 대답에서 연원한 것이다. 지금은 모든 인종과 사람이 동등하다고 여기는 것을 당연시하지만, 이러한 사상이 정착된 건 채 50년이 되지 않았다. 하지만 디오게네스는 무려 2,300여 년 전에 모든 사람은 인종이나 성별과 상관없이 동등하다고 보았다. 그러나 고대 그리스 사회는 시민과 노예, 그리스인과 야만인을 엄격히 구분했다. 출신 지역과 계급이 한 사람의 운명을 좌우하던 시대였다. 그럼에도 디오게네스는 모든 인간은 본질적으로 평등하다고 말했던 것이다. 그가 이런 사상을 가질 수 있었던 이유를 그의 일생에서 엿볼 수 있다. 디오게네스는 부유한 가문에서 태어났다. 그의 아버지는 화폐 주조를 맡은 관리였는데, 화폐를 위조한 사건에 연루되면서 가문은 하루아침에 몰락하고, 디오게네스는 고향에서 추방당했다. 유복한 환경에서 시작했지만, 삶의 기반을 송두리째 잃은 그는 아테네로 건너가 철학자가 되었다. 이 사건은 디오게네스에게 중요한 전환점이 되었다. 그는 재산과 신분, 권력과 같은 외적 조건이 얼마나 허무하게 무너질 수 있는지를 직접 체험했다. 그리고 인간이 진정으로 의지할 수 있는 것은 소유나 출신이 아니라, 자연에 따른 삶과 스스로의 덕성임을 깨달았다. 그가 일부러 무소유의 삶을 택하고 사회의 관습을 비웃은 이유도 여기에 있었다. 재산을 잃고 추방당한 경험은 그에게 국적이나 재산, 제도가 인간의 본질을 규정하지 못한다는 확신을 주었고, 이는 곧 인류 최초의 '세계시민' 사상으로 발전한 것이다. 그가 말한 것은 단순히 '모든 사람이 같다'는 이상적인 구호가 아니라, 눈앞의 경계와 편견을 뛰어넘으라는 말이었다. 오늘날 우리는 이 말을 곱씹어 볼 필요가 있다. 평등을 외치면서도 인종차별, 계급 차별, 빈부격차가 여전히 존재하는 세상에 살고 있고, 언제 어디서든 연락하고 찾아갈 수 있는 시대임에도, 마음에는 거리감을 두고 살아가고 있다. 그러나 내가 마시는 물은 언젠가 다른 누군가의 몸을 지나왔을수도 있고, 내가 내쉬는 숨은 지구 반대편의 나무가 만든 산소일 수도 있다. 피부색이 다르고, 말하는 언어가 달라도, 우리는 모두 같은 지구에서 태어나 같은 공기를 마시고 같은 태양의 빛을 받으며 살아간다. 국경선은 인간이 그어놓은 것일 뿐, 바람과 물과 새들은 그런 경계를 알지 못한다. 즉, 그 벽은 자연이 만든 것이 아니라, 인간이 만들어낸 것일 뿐이다. 디오게네스는 이미 오래전에 그것을 간파했고, 인간이 진정 자유로워지려면 이 벽부터 무너뜨려야 한다는 사실을 보여주었다. 그렇기에 우리도 각자가 갖고 있는 마음의 벽을 무너뜨리려면 '세계시민'이 되어야 한다. 세계시민이 되기 위해선 나의 주변 것들부터 평등하게 바라볼 수 있는 마음을 가질 줄 알아야 한다. 예를 들어 당장의 앞에 일들로 본다면 사람마다 각자만의 어려움과 고충이 있다. 잘 다니던 회사가 부도가 나서 갑자기 길바닥에 나앉게 될 수도 있고, 사기를 당해 그동안 열심히 모아 놓은 돈도 몽땅 잃을 수도 있다. 만약 그게 나의 일이라면 범법을 저지르지 않고 살아갈 자신이 있는가? 굶어가는 자식을 위해 음식을 훔치지 않을 자신이 있는가? 나 또한 그런 사람이 될 수도 있다는 것이다. 그래서 항상 나보다 못난 사람을 보면 그 사람을 욕하기보다 이해심을 조금 가지고, 그 사람의 아픔을 들여다보는 마음도 가져야 한다. 나아가 나의 주변으로 본다면 누군가 나에게 상처를 줄 때 "못 배웠구나"라고 생각할 수도 있지만, 심리학에 의하면 사람은 자신이 가장 아팠던 기억으로 상대방을 똑같이 아프게 하기 때문에 그 사람의 과거의 아픔을 되레 걱정해 볼만 하다. 이처럼 먼저 타인을 판단하기보다는, 그 사람 안에도 나와 같은 희로애락이 있다는 것을 인정해야 하고 평등한 마음으로 바라볼 줄 알아야 한다. 이렇게 세상과 사람을 자신처럼 관대하게 바라볼 수 있게 된다면 우리도 세계 시민일 것이다.

"나는 세계의 시민이다."

002

끝났다고 생각할 때
진짜가 시작된다

디오게네스가 고향에서 추방당했을 때 남긴 또 하나의 명언이 있다. 지금처럼 차도 비행기도 없는 시대에 '추방령'은, 집과 시민권을 잃고 낯선 곳에서 떠도는 신세가 되는, 삶의 기반을 송두리째 잃는 중대한 형벌이었다. 그러나 디오게네스는 판결을 듣고 이렇게 말했다. "그럼, 나는 그대들에게 '체류형'을 내리노라." 정말 디오게네스다운 대답이었다. 추방당한 자가 오히려 추방한 자들에게 형벌을 내리다니. 우스꽝스럽지만, 그

안에 단단한 철학이 담겨 있었다. 그는 추방으로 자유를 잃은 것이 아닌, 오히려 더 큰 자유를 얻었다고 생각했다. 이제 온 세상이 자신의 집이 되었고, 어디든 갈 수 있는 무한한 가능성을 얻게 되었기 때문이다. 반대로 시노페 시민들을 좁은 도시와 좁은 시선 속에 갇혀, 더 넓은 세상을 경험하지 못하는 불쌍한 존재로 여긴 것이기도 하다. 이 일화는 우리에게 어떤 문제를 만났을 때, 그것을 바라보는 관점이 얼마나 중요한지를 일깨워준다. 살아가다 보면 직장에서 해고를 당하거나, 사랑하는 사람에게 이별을 통보받거나, 오랫동안 꿈꾸던 기회를 놓치는 순간을 맞이하게 된다. 처음에는 누구나 "내 인생은 끝났다." "왜 나에게만 이런 일이 생기지?"라는 절망적인 생각에 빠지기 쉽다. 하지만 차분히 현실을 마주하고 자신이 할 수 있는 것이 무엇인지 고민해 보면, 의외로 새로운 길이 보이기 시작한다. 그래서 부정적인 생각에 사로잡히기 전에, 먼저 그 안에서 긍정적인 면을 바라보는 힘이 필요하다. 물론 누군가는 이를 '정신 승리'라고 비웃을 수도 있다. 그러나 그것이야말로 삶을 무너지지 않고 이어가게 하는 힘이 된다. 그래서 어려움이 다가왔을 때 너무 심각하게 바라볼 필요는 없다. 위 상황을 디오게네스의 관점에서 본다면, 해고는 끝이 아니라 새로운 가능성의 시작일 수 있다. 한 회사에 묶여 있었다면 결코 시도하지 못했을 일들을 해볼 기회가 열린 것이다. 이별 역시 마찬가지다. 맞지 않는 관계에서 벗어나 더 나은 사람을 만날 자유를 얻은 것이며, 진정한 사랑을 찾을 수 있는 여정이 시작된 것이다. 이처럼 인간에게는, 피해자를 승리자로, 절망을 희망으로, 제약을 자유로 바꾸어내는 강력한 능력이 있다. 그리고 그 능력은 당신에게도 있다. 그런 당신은 자신을 힘들게 하는 사람들, 상처를 주는 사람들을 어떻게 바라볼 것인가? 좋지 못한 일들을 새로운 시작점으로 볼 것인가? 증오의 대상으로 볼 것인가? 잘 생각해 보아라. 결국 그들은 작은 한계 속에 갇혀, 자신을 위해 헌신하고 사랑해 준 사람을 밀어내는 멍청한 생각을 한 사람일 뿐이다. 그렇기에 타인의 부족함이나 상처 주는 행동에 매몰되지 말고, 오히려 그것을 통해 자신을 더 단단히 세울 수 있어야 한다. 남이 나를 몰라보고 내쳐도, 그것이 곧 내가 부족하고 쓸모없어졌다는 뜻은 아니다. 오히려 그 순간은 내 삶에서 불필요한 인연을 걷어내고, 나를 제대로 이해하고 존중해 줄 사람을 만날 준비가 시작되는 과정일 수 있다. 그러니 억울함과 분노 속에만 머물지 말고, 그것을 새로운 출발의 에너지로 바꾸어라. 당신이 진정한 가치를 지닌 사람이라면, 언젠가 반드시 그 가치를 알아보는 사람이 찾아올 것이다.

"그럼, 나는 그대들에게 '체류형'을 내리노라."

003

탐욕은 결국
스스로를 무너뜨린다

 디오게네스와 권력자들 사이의 만남은 항상 극적이었다. 그중에서도 알렉산더 왕의 아버지인 필리포스 왕과의 만남은 아찔했다. 필리포스 왕은 갑자기 디오게네스를 붙잡고 물었다. "그대는 누구인가?" 디오게네스는 당돌하게도 "나는 당신 탐욕의 정찰병이오."라고 대답했다. 필리포스 왕은 당시 강력한 군사 국가를 만들어, 그리스 본토의 폴리스들을 하나씩 정복해 나가고 있었다. 또한 필리포스 왕은 자신의 정복에 방해될 만한 정치적 반대자들과 철학자들을 경계하고 있었고, 특히 자유와 독립을 옹호하는 목소리들을 예의주시하고 있었다. 이런 상황에서 작은 폴리스들의 자유나 독립성 같은 것들은 자신의 대업을 위해 희생되어도 좋은 것들이었다. 그래서 필리포스가 디오게네스에게 "그대는 누구인가?"라고 물은 것은 아마도 이 기이한 철학자가 자신의 정복 사업에 어떤 영향을 미칠 수 있는 인물인지, 혹은 적대적인 세력과 연결되어 있는 것은 아닌지를 알아보려 했을 것이다. 그런데 디오게네스는 예상과 다르게 성질을 긁는 대답을 한 것이다. 정찰병은 적의 동태를 파악하여 본대에 보고하는 역할을 하는데, '탐욕의 정찰병'이라는 표현은 그 탐욕이 어디까지 뻗어나갈지, 그리고 그 끝이 어떨지를 미리 살펴보고 있다는 의미였으니, 디오게네스는 자신이 필리포스 왕의 탐욕을 관찰하고 있다고 말한 것이다. 필리포스 왕은 아마도 이 답변에 당황했을 것이다. 자신을 두려워하거나 아부 떨지도 않고, 그렇다고 직접적으로 대항하지도 않는 이 철학자의 태도를 어떻게 받아들여야 할지 몰랐을 것이다. 하지만 디오게네스는 필리포스 왕을 적으로 여기지도, 그렇다고 협력자로 여기지도 않았다. 그저 인간의 욕망이 극한까지 발현된 하나의 사람으로서 보고 있었던 것이다. 이 일화에서 확실한 것은 디오게네스는 권력과 야망에 대해서는 분명한 비판적 시각을 가지고 있었다는 것이다. 권력을 추구하고 영토를 확장하려는 모든 시도는 정치적 성향을 떠나서 인간의 탐욕에서 비롯된 것이고, 진정한 행복과는 거리가 먼 것이었다. 더 나아가 그의 철학적 관점에서 보면 모든 인간은 동일한 약점과 욕망을 가진 존재였고, 따라서 국경이나 민족의 경계는 의미가 없었다. 그가 관찰하고 비판하는 것은 특정 민족이나 국가가 아니라 인간 본성 자체의 어두운 면이었으며, 탐욕으로 인해 도덕성이 어긋나는 행동을 비판한 것이다. 이는 오늘날 우리에게도 중요한 메시지를 던진다. 살다 보면 돈, 승부, 음식 등 모든 면에서 유독 탐욕이 과한 사람을 만나게 된다. 하루 종일 그것만 이야기하며, 마치 생명을 걸듯 집착한다. 처음에는 친절하고 정직해 보일지 몰라도, 결국 선을 넘고 자신의 이익을 위해 타인의 고통쯤은 대수롭지 않게 여기는 사람들이다. 작은 이익을 위해서 거짓을 일삼고, 더 큰 욕망을 위해서 서슴없이 남을 밟고 올라서려 한다. 그런 사람 곁에 오래 머문다면, 결국 나 자신까지 무너지고 만다. 그래서 끊임없이 욕망을 좇는 사람, 타인의 고통에 무심한 사람, 스스로 절제하지 못하는 사람은 멀리하는 것이 좋다. 그러나 이러한 욕망은 특정한 사람에게만 있는 것이 아니다. 우리 모두가 크고 작은 탐욕을 안고 살아간다. 문제는 그것이 지나칠 때 우리는 주변 사람들에게 상처를 입히고, 그것에 휘둘리는 존재가 된다. 즉, 탐욕은 남을 해치기 전에 반드시 자신을 먼저 무너뜨린다. 그렇기에 탐욕을 단순히 외부의 유혹으로만 보아서는 안 된다. 그것은 언제든 우리 안에서 피어날 수 있는 불씨이며, 방치하면 삶 전체를 삼켜 버릴 수 있다. 타인의 눈물을 대가로 얻은 행복은 결코 오래 갈 수 없다. 그래서 우리는 늘 스스로를 지켜보는 '탐욕의 정찰병'이 되어야 한다. 그렇게 조금씩 욕망을 내려놓을 때, 한결 가벼운 마음으로 더불어 살아갈 수 있을 것이다.

"나는 당신 탐욕의 정찰병이오."

가치가 있는 성품을
가져야 한다

사람의 자존감을 올려주는 품이 세 가지가 있다고 한다. 첫 번째는 값비싼 금품이고, 두 번째는 남들이 알아주는 명품이다. 그리고 마지막으로 가장 중요한 것은 성품이다. 금품은 사라질 수 있고, 명품은 시간이 지나 망가질 수 있지만, 성품은 어떤 상황에서도 그 사람을 빛나게 하는 힘이 되기 때문이다. 디오게네스의 일화 중 성품이 중요한 이유를 잘 보여주는 이야기가 있다. 어느 날, 어떤 사람이 디오게네스를 호화로운 저택에 데려가며 말했다. "여긴 깨끗한 집이니, 제발 아무 데나 침을 뱉지 마시오." 그 말을 들은 디오게네스는 곧바로 가래를 모으더니 침을 뱉을 곳을 찾아 두리번거리기 시작했다. 그러다 이내 그 사람의 얼굴에 침을 뱉어버리고는 말했다. "이 집에서 가장 더러운 곳이 당신 얼굴이더군." 이는 정말 무례하고 거친 행동이다. 하지만 그가 침을 뱉은 이유는, 그저 집에 침을 뱉지 말라는 요구에 반항심을 품고 뱉은 것은 아니었다. 그는 예의와 체면보다 더 중요한 것은 내면의 청결함이라는 사실을 보여주고자 했다. 디오게네스의 이 무례한 행동은 겉으로 드러나는 품위와 사람 고유의 품성 차이를 극명하게 보여주고 있다. 아무리 스스로가 값비싼 것과 화려한 것으로 꾸민다 해도, 그것이 곧 존경으로 이어지지는 않는다. 그것은 잠시의 부러움일 뿐, 나를 진정으로 높여주지 못한다. 오히려 "어떻게 빼앗을까?", "어떻게 이용할까?"를 생각하는 이들이 더 많을지도 모른다. 그러나 성품을 갖춘 사람을 마주하면, "어떻게 저런 마음을 가질 수 있을까?", "좋은 인연이 있다면 꼭 소개해 주고 싶다"라는 생각을 하게 된다. 그래서 성품을 갖춘 사람은, 화려한 조건을 가지지 않았더라도 사람들의 신뢰와 존경을 얻게 된다. 세상에 기록되는 이들이 꼭 큰 부를 거머쥔 사람들만은 아니다. 가진 것이 없고 거지처럼 보일지라도, 그 품성이 빛나면 시대를 넘어 이름을 남길 수 있다. 그러니 가격을 쫓기보다, 가치를 좇는 사람이 되어야 한다. 평생에 걸쳐 쌓아온 성품만이, 마지막까지 함께하는 가장 귀한 자산이 될 것이다. 금품이나 명품보다 훨씬 값진 성품을 지니도록 노력하라. 좋은 사람, 착한 사람이 되라는 말이 아니다. 가치를 만들어내는 성품을 가지라는 것이다. 가치는 내가 매기는 것이 아닌 타인이 매기는 것이다. 가치 있는 성품이란, 비밀을 믿고 털어놓을 수 있는 사람, 의심 없이 중요한 일을 맡길 수 있는 사람, 가장 힘들 때 먼저 떠오르는 사람, 마음 놓고 사랑할 수 있는 사람, "저 사람이라면 반드시 해낼 것이다"라는 확신을 주는 사람이다. 이처럼 당신의 됨됨이에 타인이 가치를 매길 수 있는 성품이라면, 금품과 명품도 당신을 따라다니게 될 것이다.

"이 집에서 가장 더러운 곳이 당신 얼굴이더군."

규범은
강자의 무기다

플라톤은 디오게네스를 보고 "소크라테스가 미쳐 날뛰는 것 같다"고 말한 적이 있다. 이는 디오게네스가 소크라테스처럼 철저히 이성을 추구했지만, 사회적 관습과 체면을 아예 무시하고 극단적인 실천으로 밀어붙였다는 점을 지적한 말이었다. 그러나 그의 행동은 실제 광기에서 비롯된 것이 아니라, 사회가 억지로 만들어낸 규범과 관습을 비판하기 위한 철학적 실천이었다. 그중에서도 디오게네스의 손가락 일화는 이를 잘 보여준다.

그는 말했다. "대부분의 사람은 손가락마다 서로 다른 의미가 있다고 생각한다. 만약 누군가 가운뎃손가락을 들어 보이면 분노하지만, 같은 방식으로 새끼손가락을 보이면 아무렇지 않게 받아들인다. 얼마나 우스꽝스럽고 인위적인 반응인가!" 그렇다. 본질적으로 손가락은 그저 손가락일 뿐이다. 그러나 사람들은 어떤 손가락에는 '모욕'이라는 의미를 담고, 그것에 목숨을 걸고 화를 낸다. 디오게네스가 꼬집은 것은 바로 이 불합리함, 본질을 잊은 사회의 관습이었다. 인간은 자연보다 관습을 더 두려워하며, 아무 본질적 차이도 없는 것에 화를 내고 분노한다. 그는, 이성을 잃은 것은 자신이 아니라 오히려 관습에 매달려 사는 사회라고 보았던 것이다. 우리는 이 부분을 곰곰이 생각해 보아야 한다. 객관적으로 보면, 남들의 시선이나 사회적 규칙은 절대적인 진리가 아니다. 그것은 시대와 문화가 임의로 만들어낸 약속에 불과하다. 그러나 사람들은 그것을 마치 본질적인 가치인 양 여겨 스스로를 얽매고, 조금이라도 다른 행동을 보이면 크게 잘못한 것처럼 그 사람을 무리에서 밀어낸다. 그런데 생각해 본 적 있는가? 이런 당연한 규칙들에 강자보다는 약자, 부자보다는 가난한 사람들이 더 많은 피해를 입는다는 사실을. 사회적 규범은 겉으로는 모두에게 공평하게 적용되는 듯 보이지만, 실제로는 힘 있고 여유 있는 사람들에게는 너그럽게 해석되고, 힘없는 이들에게는 가혹하게 들이닥친다. 같은 행동을 해도 누군가는 개성이라 불리고, 누군가는 무례라 손가락질받는다. 결국 규칙이 아니라 그 규칙을 해석하는 눈과 목소리를 가진 사람들이 권력이 되기 때문이다. 그래서 우리는 남들이 만든 규범에 순응하기보다, 그 규범이 누구를 위해 존재하며 누구를 억압하는지 질문해야 한다. 그렇지 않으면, 우리는 그 허상 때문에 불필요한 분노와 불편을 느끼며 살아가게 된다. 디오게네스는 그런 인간의 모습을 비웃으며, 진정한 자유란 본성에 충실할 때 비로소 얻어진다고 말한 것이다. 디오게네스가 말한 본성이란, 타인의 시선이나 억지 규범이 아닌 '자연스러움'에 가깝다. 배가 고프면 먹고, 피곤하면 쉬며, 옳다고 믿는 것을 말하는 삶이다. 결국 우리를 옭아매는 것은, 그것을 무조건 따르려는 우리의 두려움일지도 모른다. 하지만 진정한 자유는 그 두려움을 직면할 때 시작되며, 그것에 맞서 본질을 붙잡을 때, 우리는 사회가 만든 규범이 아닌 스스로의 삶을 온전히 살아갈 수 있을 것이다.

**"대부분의 사람들은 손가락마다
서로 다른 의미가 있다고 생각한다."**

Chapter. 05

디오게네스의 성장론

Diogenes

001

간절하면
움직여야 한다

 말을 서슴없이 하는 모습에 세상 무서울 게 없는 사람처럼 보이긴 하지만, 디오게네스에게도 사람다운 면모가 있었다. 추방당한다는 말을 들었을 때, 두려움을 느낀 그는 마지막 희망을 찾기 위해 델포이의 아폴론 성소로 향했다. 고대 그리스인들에게 델포이 신탁은 절대적인 권위를 가진 신의 음성이었고, 인생의 중대한 기로에 선 사람들이 찾아가 미래에 대한 지침을 구하는 성스러운 장소다. 오늘날로 치면 교황을 찾아가 자문을 구한 것이다. 그래서 추방자가 된 그는 명예 회복이 가장 절실한 문제라 생각해 신탁을 전하는 여사제에게 '가장 높은 평판을 얻으려면 어떻게 해야 할지'를 물었다. 그러자, 신탁은 대답했다. "나라에서 통용되는 것을 바꾸시오." 고대 그리스어로 '노미스마(통용)'라는 단어는 '화폐'와 '관습, 법'이라는 두 가지 의미를 동시에 가지고 있는데 디오게네스는 처음에 이를 문자 그대로 '화폐를 바꾸라'라는 뜻으로 이해했다. 아버지와 함께 화폐 조작에 관여했던 과거를 생각하면 자연스러운 해석이었을지도 모른다. 하지만 시간이 지나면서 그는 이 신탁이 훨씬 깊은 의미를 담고 있음을 깨닫게 되었다. '노미스마'의 또 다른 의미인 '관습'에 주목하게 된 디오게네스는 그 의미를 완전히 새롭게 해석하기 시작했다. 신이 말하고자 한 것은 화폐를 바꾸라는 것이 아니라, 사회의 관습과 통념 자체를 바꾸라는 혁명적인 메시지였다고 생각한 것이다. 이 깨달음은 그의 인생의 관념을 완전히 바꿨다. 이후 디오게네스는 문자 그대로 '나라에서 통용되는 관습'을 뒤집기 시작했다. 그래서 그가 도시를 떠날 때 "체류형을 내리노라"라고 말할 만큼 당당할 수 있었던 것이다. 하지만 아직 개견주의를 알기 전인 디오게네스는 부족한 부분이 많았다. 그래서 새로운 삶의 방향을 찾기 위해 아테네로 향했는데 거기서 그의 눈에 띈 사람이 바로 안티스테네스였다. 안티스테네스는 소크라테스의 제자 중 한 명으로, 스승의 가르침을 독특한 방식으로 해석하고 발전시킨 철학자였다. 그는 덕이야말로 유일한 선이며, 외적인 재물이나 명예는 진정한 행복과 무관하다고 주장했다. 이런 사상은 모든 것을 잃고 추방당한 디오게네스에게 크게 와닿았다. 자신이 겪은 좌절과 절망이 오히려 진정한 철학적 깨달음의 출발점이 될 수 있다는 희망을 발견한 것이다. 디오게네스는 주저하지 않고 안티스테네스를 찾아갔다. 하지만 나이가 든 안티스테네스는 제자를 가르치는 일에 큰 관심이 없었고, 특히 정체불명의 추방자를 받아들일 이유는 더욱 없었다. 하지만 디오게네스는 포기하지 않았고, 계속되는 거절에도 불구하고 끝까지 받아달라고 죽치고 앉아 매달렸다. 그의 끈질긴 요청에 짜증 난 안티스테네스는 어느 날 그를 향해 때리는 시늉을 하며 지팡이를 치켜들었다. 일반적인 사람이라면 "철학자가 이렇게 화를 낼 정도면 진짜 안 되나 보다"라고 생각하며 물러났을 것이다. 하지만 디오게네스는 도리어 자신의 머리를 안티스테네스 앞으로 내밀면서 이렇게 말했다. "때리시오. 뭔가 확실한 말씀을 해주시기 전까지는 저를 내쫓을 수 있을 만큼 딱딱한 나무를 찾아내실 수 없을 것이오." 이 순간 안티스테네스는 디오게네스의 삶 전체를 걸고 진리를 추구하려는 진정성을 보게 되었고, 그런 디오게네스의 태도에 마침내 그를 제자로 받아들였다. 그렇게 디오게네스는 안티스테네스의 제자가 되었고, 본격적으로 견유학파의 철학을 접하게 되었다. 안티스테네스를 찾아가 제자가 되기까지의 이야기는 디오게네스의 성격을 잘 보여준다. 그는 한 번 마음먹으면 끝까지 포기하지 않는 강인한 의지를 가진 사람이었다. 자신이 추구하는 가치를 위해서라면 어떤 굴욕이나 고통도 기꺼이 감수할 수 있었다. 그런 의지로 디오게네스가 안티스테네스를 찾아가 "때려도 좋다"라며 머리를 내밀었던 순간이 그의 인생을 바꾼 전환점이 되었다. 우리 역시 언젠가 그런 결단의 순간을 맞게 될 것이다. 그때마다 자존심을 부릴지 아니면 자존심을 내려 놓고 나아갈지는 오롯이 본인의 선택이다. 이런 우스갯소리가 있다. 외모가 뛰어난 사람은 셀카를 잘 찍지 못한다고 한다. 어떻게 찍어도 잘 나오니, 사진을 잘 찍기 위해 애쓸 간절함이 필요 없기 때문이다. 그렇다면 간절함이 없는 당신은 정말 그렇게 잘났는가? 그렇게 대단한 사람인가? 배우고 싶다면서도 간절함을 품지 못한다면, 오히려 스스로의 교만한 마음을 되돌아볼 필요가 있다. 간절함은 사람을 움직이게 하는 가장 강력한 힘이다. 그럼에도 불구하고 몸을 움직이지 못한다면 그것이 이루어지지 않는다고 자책하지 말아야 한다. 몸이 움직이지 않는다는 건 그만큼 간절하지 않다는 증거일 뿐이다. 디오게네스가 그토록 대담할 수 있었던 것도 자신을 때리려는 지팡이가 아니라, 그 너머의 가치를 보았기 때문이다. 만약 당신이 땅을 파면 다이아몬드가 나온다고 하면 땅을 안

파겠는가? 분명, 손으로라도 팔 것이다. 이처럼 선뜻 몸이 반응하지 않는다면 내가 그 가치를 제대로 알지 못하고 있거나, 혹은 그만한 간절함을 갖지 못한 것일 수도 있다. 그럴 땐 먼저 마음을 되돌아보고, 내가 정말로 무엇을 원하는지 스스로에게 묻길 바란다.

**"때리시오. 뭔가 확실한 말씀을 해주시기 전까지는
저를 내쫓을 수 있을 만큼 딱딱한 나무를
찾아내실 수 없을 것이오."**

002

각오를 했다면
더 큰 각오를 해야 한다

사람들은 새로운 것을 배우거나 시작할 때 "정말 열심히 하겠다"라고 다짐한다. 그러나 실제로 목표에 도달하는 이는 드물고, 대부분은 중도에 포기하고 만다. 그 이유는 대개 겉보기에는 쉬워 보이고 별것 아닌 듯 보여서, 자신도 어렵지 않게 해낼 수 있을 것이라 착각하기 때문이다. 하지만 무언가를 이룬 사람이 가볍게 해내는 것처럼 보이는 이유는 그것이 본래 쉬운 일이어서가 아니라, 그만큼 숙련되어 잘 해내기 때문이다. 결국 그 노력과 시간을 얕잡아보고 시작한 이들은 예상치 못한 어려움에 부딪혀 감당하지 못하고 무너지는 경우가 많다. 디오게네스도 이러한 교훈을 전해주는 일화가 있다. 어느 날, 한 젊은 귀족 청년이 디오게네스를 찾아왔다. 그는 값비싼 옷을 차려입고 있었고, 온몸에서는 향유 냄새가 풍겼으며 손가락마다 반짝이는 반지를 끼고 있었다. 청년은 눈을 반짝이며 말했다. "선생님, 저를 제자로 받아주십시오. 철학을 배우고 싶습니다." 열정 가득한 눈빛에도 불구하고, 디오게네스는 그의 겉모습을 보고 의구심을 품었다. 과연 이 젊은이가 철학자의 길을 걸을 준비가 되어 있을까? 사회적 체면과 편견을 내려놓고, 견유학파의 가르침을 받아들일 수 있을까? 디오게네스는 그를 시험해 보기로 했다. 다랑어 한 마리를 건네며 말했다. "이것을 들고 나를 따라오라." 청년은 순간 당황했다. 비린내 나는 생선을 들고 따라오라니, 귀족의 자존심이 허락하지 않았다. 그러나 스승이 될 사람의 말이니 마지못해 따랐다. 디오게네스의 뒤를 따라 시장 한복판으로 걸어가자, 사람들의 시선이 꽂혔다. 몇몇은 킥킥 웃으며 수군댔다. "저 귀족 도련님이 왜 생선을 들고 개의 뒤를 따라다니지?" "참 우스꽝스럽군." 청년의 얼굴은 점점 붉어졌다. 창피함을 더는 견디지 못한 그는 결국 다랑어를 길바닥에 내던지고 황급히 도망쳤다. 그 모습을 지켜본 디오게네스는 씁쓸히 웃으며 주위 사람들에게 말했다. "다랑어를 버린 건 내가 아니라 저 청년이다." 디오게네스는 청년이 남들의 시선을 두려워하지 않는 용기, 그리고 체면을 내려놓을 수 있는 겸손함이 있는지를 시험하고자 했다. 견유학파의 핵심은 세상의 관습과 편견에서 벗어나, 자신의 신념대로 살아가는 데 있다. 그러나 고작 다랑어 한 마리 때문에 창피해하는 사람이 이런 철학을 받아들일 수는 없었다. 이 일화 또한 진정한 배움의 태도를 보여준다. 사람들은 겉으로는 무언가를 배우고 싶다고 말하면서도, 정작 그것을 위해 기꺼이 몸을 낮추려 하지 않는다. 노래를 배우고 싶다 하면서도 비웃음을 살까 두려워 쉽게 목소리를 내지 못하고, 글을 쓰고 싶다 하면서도 오글거린다고 할까 봐 남에게 보여주지 못한다. 그러나 진정한 배움은 체면을 버리는 순간부터 시작된다. 모르는 것을 모른다고 인정하고, 서툰 모습을 드러내며, 때로는 우스꽝스러운 상황조차 감수해야 한다. 배우는 자는 배우는 자의 자세를 가져야 한다. 하지만 많은 이들은 배우는 자가 아니라, 응원과 위로만 받으려는 자의 자리에 머물러 있다. 디오게네스를 찾은 젊은이 역시 철학을 배우고 싶다고 했지만, 결국 생선 한 마리의 부끄러움조차 넘어서지 못해 진정한 배움의 기회를 놓치고 말았다. 그의 체면과 자존심은 생선 한 마리보다도 무거웠던 것이다. 아마 디오게네스가 "괜찮다. 이것이 철학자의 숙명이다"라고 그에게 위로의 말을 건넸다면 그 청년은 조금은 더 버텼을지도 모른다. 하지만 더한 부끄러움과 힘듦이 더해진다면 그 청년은 언제든 떠날 것이다. 그래서 큰 일을 이루고 싶다면, 결심보다 더 큰 각오가 필요하다. 왜냐하면 내가 변한다는 것은 생각보다 훨씬 더 어렵기 때문이다. "한 가지만 잘하면 되지"라고 쉽게 말할 수 있지만, 사실 그 한 가지를 잘하기 위해서는 열 가지 과정을 견뎌야 한다. 요리를 잘하고 싶다면 칼질부터 끝없이 연습해야 하고, 신선한 재료를 찾기 위해 발품을 팔아야 하며, 때로는 실패작을 감수해야 한다. 칼질을 게을리하고, 설거지를 미루며, 귀찮다고 장보기를 피한다면 결코 요리를 잘할 수 없다. 성공은 언제나 보이지 않는 작은 노고 위에 세워지는 것이다. 우리는 살아가면서 수많은 '생선'을 만나게 될 것이다. 그것은 타인의 시선일 수도 있고, 누군가의 비웃음일 수도 있다. 그러나 그 너머에는 반드시 배움과 성장이 기다린다. 작은 시련을 견뎌낼 수 있다면 언젠가 큰 빛을 발하는 순간이 찾아올 것이다. 그러니 쉽게 포기하지 말자. 마음을 먹었다면 자존심을 내려놓고, 무엇보다 먼저 부딪혀 보자. 진정한 배움은 체면을 버리는 순간부터 시작된다.

"다랑어를 버린 건 내가 아니라 저 청년이다."

003

결핍을 인정할 때
성장이 시작된다

 어느 날, 한 아버지가 아이를 데리고 디오게네스를 찾아왔다. 그는 자랑스러운 표정으로 아이를 소개하며 말했다. "위대한 철학자여, 제 아이를 가르쳐 주십시오. 이 아이는 소질도 뛰어나고 성격도 훌륭합니다." 아버지의 목소리에는 자부심이 가득했다. 그는 자신의 아이가 남들과 다르다고 믿었고, 이미 똑똑하고 착하니 철학자의 가르침을 받으면 더욱 훌륭한 사람이 될 것이라 생각했던 것이다. 그러나 디오게네스의 대답은 그의 기대를 무너뜨렸다. "그렇다면 내가 무슨 필요가 있겠는가." 아버지는 당황했다. 아이가 뛰어나다고 말한 것이 오히려 거절의 이유가 되었기 때문이다. 하지만 디오게네스가 던진 물음은 분명했다. 만약 그 아이가 이미 소질도 성격도 완벽하다면, 스승이 과연 무슨 소용이 있겠는가? 교육이란, 이미 완벽한 것을 더 빛나게 하는 일이 아니라, 부족한 것을 채우고 잘못된 것을 바로잡는 과정이다. 그럼에도 많은 부모들은 "우리 아이는 잘해요, 똑똑해요"라고 말하며 장점을 부풀리고 단점을 외면한다. 그것은 아이를 위한 마음이기보다, 아이를 통해 스스로의 자부심을 확인하려는 욕심일지도 모른다. 만약 그 아버지가 아이의 문제를 솔직히 인정했다면 어땠을까? "이 아이는 게으르고 고집이 세며 배우려 하지 않습니다. 부디 가르쳐 주십시오." 그렇게 말했다면 디오게네스는 오히려 기꺼이 아이를 받아들였을지도 모른다. 왜냐하면 그때야말로 진정한 배움의 준비가 갖춰진 순간이기 때문이다. 이는 현대 교육에도 중요한 시사점을 준다. 많은 부모는 아이를 학원이

나 과외 교사에게 맡기며 이렇게 말한다. "우리 아이는 이런 점을 잘합니다. 더 발전시켜 주세요." 하지만 진정 필요한 것은 아이의 부족한 부분을 정확히 살펴보고 그것을 보완하는 일이다. 잘하는 점만 더 부각시키려 한다면 결국 성장은 멈추고 만다. 이는 아이에게만 해당되는 이야기가 아니다. 우리 모두가 진정으로 성장하고 싶다면, 장점을 자랑하기보다 스스로의 결핍을 인정해야 한다. 스승 앞에 서서 "저는 이미 잘합니다"라고 말하는 것보다 "저는 이런 점이 부족합니다"라고 고백하는 태도가 훨씬 더 큰 변화를 불러온다. 완벽을 좇는 것보다 불완전함을 고쳐가는 과정이, 세상을 더 유연하게 살아갈 수 있게 만든다. 칭찬을 좇기보다 문제를 직시할 때 우리는 비로소 현실을 제대로 바라볼 수 있다. 아이든 어른이든, 완벽함은 배움을 막는 벽이 되고, 불완전함은 배움을 열어주는 문이 된다. 그러니 오늘도 자신의 결핍을 담담히 받아들이자. 그 순간부터 이미 변화와 성장은 시작되고 있는 것이다.

"그렇다면 내가 무슨 필요가 있겠는가."

004

거절은 상처가 아니라 면역이다

 디오게네스가 한 부유한 집 앞에 나타났다. 그는 당당히 문 앞에 서서 집주인에게 말했다. "저 조각상 하나를 주시오." 집주인은 어리둥절했다. 그 조각상은 값비싼 물건이었고, 집안의 자랑거리였다. 아무 대가도 제시하지 않고 그런 귀한 것을 달라니, 뻔뻔하기 짝이 없는 요구였다. "안 되오. 그건 드릴 수 없소." 예상대로 거절당했지만, 디오게네스는 전혀 실망하지 않았다. 오히려 만족스러운 표정을 지었다. 그 모습을 지켜보던 사람들이 의아해하며 물었다. "왜 그런 짓을 하십니까? 당연히 거절당할 걸 알면서, 왜 무리한 요구를 하는 겁니까?" 그러자 디오게네스는 빙그레 웃으며 대답했다. "거절당하는 것을 연습하고 있소." 사람들은 더욱 의문을 품었다. 누가 일부러 거절당하려 하는가? 보통 사람들은 거절당하지 않으려 애쓰지 않는가? 그러나 디오게네스는 인간이 거절에 대한 두려움 때문에 얼마나 많은 기회를 놓치고, 스스로를 얼마나 제약하는지 잘 알고 있었다. 그래서 그는 의도적으로 거절을 경험하며 '거절에 대한 면역'을 길렀던 것이다. 마치 독에 대한 면역을 기르기 위해 조금씩 독을 복용하듯, 디오게네스는 거절에 대한 저항력을 기르기 위해 일부러 거절당하는 경험을 쌓았다. 그렇게 하면서 그는 거절이 실제로는 두려워할 만한 일이 아니라는 사실을 깨달았고, 개견주의적 삶에 한층 더 가까워졌다. 사실 거절당한다고 해서 잠시 자존심이 상할 수는 있지만, 그 상처는 금세 아문다. 오히려 그런 경험이 쌓일수록 사람은 더욱 담대해진다. 인생을 현명하게 살아가려면 이런 태도는 매우 중요하다. 면접, 인간관계, 연애, 새로운 도전 그 어떤 것도 거절의 위험을 안고 있지 않는 것이 없다. 그때마다 시도조차 하지 않는다면 어떻게 될까? 결국 아무것도 얻지 못한다. 그저 안 될 것 같다는 이유로 기회를 포기한다면, 성공의 가능성까지 함께 포기하는 셈이다. 따라서 발전하고 싶다면 정면으로 마주해야 한다. 실제로 많은 성공한 사람은 수많은 거절을 겪은 끝에 단 한 번의 승낙을 얻었고, 그 한 번이 그들을 성공으로 이끌었다. 그렇게 보면 거절은 실패의 증거가 아니라, 성공을 향해 나아가는 과정의 일부일 뿐이다. 그리고 여기서 잊지 말아야 할 사실이 있다. 사람들은, 내가 생각하는 것만큼 나에게 관심이 없다는 점이다. 생각해 보면 내가 한 달 전 무엇을 먹었는지, 혹은 2주 전에 길에서 어깨를 스치고 지나간 사람의 얼굴은 어땠는지 기억나지 않을 것이다. 다른 사람들도 똑같다. 나에게 그리 많은 관심을 두지 않는다. 그래서 거절에 유난히 약하다면, 디오게네스처럼 일부러 거절당할 만한 요청을 시도해 보라. 커피숍에서 음료 할인을 부탁하거나, 비즈니스 미팅에서 다소 무리해 보이는 제안을 해 보거나, 평소 망설였던 부탁을 건네 보는 것이다. 의외로, 거절당할 거라 확신했던 요청이 뜻밖에 받아들여지는 경우도 있다. 그 과정을 통해 깨닫게 된다. 대부분의 거절은 개인적인 감정 때문이 아니라 단지 상황이나 조건 때문이라는 것을. 즉, 누군가 당신의 요청을 거절했다고 해서, 그것이 곧 당신을 싫어한다는 의미는 아니다. 그렇기에 늘 당당하게 요청해도 된다. 삶이 복잡해 보이지만 결국 요청과 거절이 반복되는 흐름 속에 있다. 그렇다면 그것을 피하려 하기보다 오히려 다루는 법을 배우는 것이 현명하다. 현대 심리학에서도 이를 "노출 치료"라 부른다. 두려운 대상에 점진적으로 부딪히며 불안을 줄여가는 방법이다. 만약 지금보다 더 자유롭게 살고 싶다면, 두려움을 피하지 말고, 정면으로 마주하라. 그때야말로 진정한 자유와 용기가 당신에게 찾아올 것이다.

"거절당하는 것을 연습하고 있소."

005

큰 것만 좇다
작은 것을 잃는다

 어느 맑은 밤, 한 천문학자가 거리를 걸어가고 있었다. 그는 밤하늘에 펼쳐진 별자리를 관찰하며 깊은 생각에 잠겨 있었다. 별들의 움직임을 추적하고, 천체의 궤도를 계산하며, 우주의 신비를 탐구하는 것이 그의 일이자 열정이었다. 하지만 그는 너무 하늘에만 집중한 나머지 발밑을 전혀 보지 않았다. 고개를 하늘로 치켜든 채 걸어가던 그는 결국 길 한가운데 있던 웅덩이에 그대로 빠지고 말았다. 이 광경을 지켜본 디오게네스는 참지 못하고 웃음을 터뜨렸다. 그리고 젊은 천문학자를 향해 날카로운 한마디를 던졌다. "하늘에 무슨 일이 있는지는 알면서, 발밑의 일은 보지 못하는구나." 디오게네스는 미처 생각이 미치지 못한, 모순되는 점을 지적한 것이었다. 이것이 바로 이론과 실제, 관념과 현실 사이의 괴리다. 천문학자는 분명 뛰어난 지식을 가진 사람이었다. 별들의 이름을 알고, 그들의 궤도를 계산할 수 있었을 것이다. 하지만 그 모든 지식이, 그가 웅덩이에 빠지는 것을 막아주지는 못했다. 오히려 그 지식에 매몰되어 현실을 보지 못하게 만들었다. 디오게네스가 비꼰 것은, 현실과는 동떨어져 머릿속 이론에만 빠져 있는 태도였다. 이처럼 현대 사회에서도 이런 일들을 쉽게 볼 수 있다. 복잡한 경제 이론은 줄줄 외우면서 자신의 가계부 관리는 엉망인 경제학자, 교육학 박사 학위를 가졌으면서 자신의 아이와는 소통하지 못하는 교육학자, 인간관계에 대한 이론서를 쓰면서 정작 자신은 외로운 심리학자들처럼 말이다. 물론 학문적 지식 자체가 무의미하다는 것은 아니다. 천문학도 중요하고, 이론적 탐구도 필요하다. 문제는 그런 지식만 좇으며 현실과 동떨어진 채, 자신의 틀 안에 박혀 사는 것이 문제라는 것이다. 우리는 종종 멀고 거창한 것에는 관심을 기울이면서 정작 가까이 있는 중요한 것들은 놓치곤 한다. 화목한 가정을 원하면서 정작 가족과의 대화 시간은 줄여가며 핸드폰만 보고 있고, 세계 평화를 걱정하면서 옆집 이웃과는 인사도 하지 않고 살아간다. 이처럼 원대한 계획은 세우면서 정작 자신의 삶은 돌아보지 못하는 인생을 살고 있는 사람들이 많다는 것이다. 이런 면을 생각해 보면 우리는 언제나 '큰 것'과 '작은 것'을 함께 바라볼 수 있어야 한다. 삶도 마찬가지다. 거창한 목표와 원대한 이상만 붙잡고 있으면 정작 지금 당장의 삶이 무너질 수 있다. 반대로 당장의 일상에만 매몰되면 더 넓은 시야를 잃어버리게 된다. 중요한 것은 균형이다. 디오게네스가 천문학자를 비웃은 것도 학문을 무시해서가 아니라, 현실을 보지 못하는 태도를 경계하라는 의미였다. 오늘 우리에게 필요한 지혜도 이와 같다. 성공하고 싶다면 타인을 밟고 올라가려는 조급함보다는, 옆 사람과 함께 나아갈 수 있는 여유를 가져야 한다. 지식을 쌓고 싶다면 책 속 문장만 암기하는 것이 아니라, 그 지식을 실제 삶 속에서 어떻게 써야 하는지 살펴야 한다. 행복을 바란다면 미래의 거대한 성취만 기다릴 것이 아니라, 오늘 하루의 작은 기쁨과 감사부터 누릴 줄 알아야 한다. 많은 이들이 멀리 있는 목표에 눈이 멀어 지금 곁에 있는 관계와 순간을 소홀히 한다. 그러나 삶의 균형은 늘 가까운 것에서부터 시작된다. 발밑을 돌아볼 줄 아는 사람만이 결국 하늘의 별도 더 아름답게 볼 수 있다.

**"하늘에 무슨 일이 있는지는 알면서,
발밑의 일은 보지 못하는구나."**

006

가진 것이 없어도
당당해야 한다

 디오게네스가 알렉산더 대왕 앞에서도 흔들리지 않고 햇볕을 택했던 모습, 광장에서 사회의 위선을 조롱하며 당당히 행동했던 모습. 그의 이런 당당한 태도는 한 가지로 이어진다. 그는 어떤 상황에서도 자기 철학을 굽히지 않았다는 것이다. 그런데 이런 당당함의 진면모를 가장 극명하게 보여주는 사건이 있었다. 그것은 다름 아닌 그가 노예로 팔려 가게 된 날의 일이었다. 디오게네스는 항해 중 해적들에게 붙잡혀 크레타섬으로 끌려갔고, 결국 노예시장에 서게 되었다. 자유인에서 한순간에 팔려 가는 상품으로 전락한 것이다. 대부분의 사람이라면 절망했을 상황이었다. 하지만 디오게네스는 달랐다. 노예상이 그 앞에 나타나 물었다. "너는 어떤 일을 잘하는가?" 이는 노예시장에서 흔히 벌어지는 일이었다. 노예상들은 노예의 기술이나 능력에 따라 값을 매겼고, 구매자들도 자신의 필요에 맞는 노예를 고르기 위해 이런 정보를 중요하게 여겼다. 보통 노예들은 이 질문에 "농사를 짓습니다", "요리를 잘합니다", "글을 읽을 줄 압니다" 같은 대답을 했다. 자신을 조금이라도 비싸게 팔기 위해, 혹은 좋은 주인을 만나기 위해 자신의 쓸모를 증명해야 했다. 하지만 디오게네스의 대답은 모든 사람을 놀라게 했다. "사람들을 지배하는 것을 잘한다." 이는 노예시장에서는 상상할 수 없는 답변이었다. 노예는 지배받는 존재인데, 지배하는 것을 잘한다니 어이가 없었을 것이다. 노예상은 황당했을 것이고, 주변 사람들은 웃음을 터뜨렸을지도 모른다. 그러나 디오게네스는 진지했다. 더욱 놀라운 것은 그다음 행동이었다. 디오게네스는 노예상을 향해 당당히 외쳤다. "자기를 위해 주인을 사려는 사람이 있다면 알려주게나!" 이 말은 완전한 역설이었다. 노예시장에서 노예가 주인이 되겠다고 선언한 것이었다. 그는 자신이 팔려 가는 상품이 아니라, 오히려 누군가를 선택할 수 있는 주체라고 말하고 있었다. 상황의 논리를 완전히 뒤집어버린 것이다. 그때 디오게네스의 눈에 한 사람이 들어왔다. 보라색 테 장식이 있는 고급 의상을 몸에 걸친 크세니아데스라는 사람이었다. 보라색은 당시 매우 비싸고 귀한 색깔로, 부와 지위를 상징했다. 그 염료는 수천 마리의 고둥에서 추출해야 할 정도로 희귀했기에, 보라색 옷을 입는다는 것은 곧 상류층임을 드러내는 것이었다. 크세니아데스의 복장만 봐도 그가 상당한 재력과 교양을 갖춘 사람임을 알 수 있었다. 디오게네스는 주저 없이 그를 가리키며 선언했다. "저 사람은 주인을 필요로 하고 있다." 그리고는 노예상에게 자신을 그 사람에게 팔아달라고 요구했다. 노예가 자신의 주인을 직접 지정하는, 노예시장 역사상 전무후무한 일이 벌어진 것이다. 디오게네스는 자신이 선택받는 입장이 아니라 선택하는 입장이라고 당당히 주장했다. 지목된 크세니아데스는 처음에는 황당했을 것이다. "노예시장에서 노예가 주인을 고르다니!" 하지만 동시에 그는 디오게네스라는 인물에게 깊은 흥미를 느꼈다. 노예의 신분으로 전락했음에도 불구하고 전혀 굴복하지 않는 정신력, 오히려 불리한 상황을 자신에게 유리하게 만들어버리는 지혜, 그리고 누구 앞에서도 주눅들지 않는 당당함. 이 특별한 인물과 함께 지내보고 싶다는 호기심이 생겼을 것이다. 결국 크세니아데스는 디오게네스를 사들여 자신의 집으로 데려갔다. 그리고 그에게 자신의 아이들을 가르치는 일을 맡겼다. 디오게네스는 제법 훌륭하게 아이들을 가르쳤고, 크세니아데스는 "집안에 좋은 신령이 굴러들어 왔다"며 크게 기뻐했다고 전해진다. 또한 디오게네스가 크세니아데스의 집에 도착했을 때 한 말은 더욱 놀라웠다. "비록 나는 노예일지라도 당신은 나에게 복종해야 하오. 만약 의사나, 배의 키잡이가 노예라 할지라도, 그 사람이 말하는 것은 따라야 하는 게 당연한 거 아니겠소?" 생각해 보면 그의 말은 완벽히 논리적이다. 의사가 노예라고 해서 그의 의학적 조언을 무시할 사람은 없다. 목숨이 걸린 문제에서는 사회적 신분보다 전문성이 우선한다. 중병에 걸렸을 때 "저 의사는 노예니까 그의 처방을 따르지 않겠다"고 말하는 것은 어리석은 일이다. 마찬가지로 배의 키잡이가 노예라고 해서 항해 중에 그의 지시를 따르지 않으면 배에 탄 모든 사람이 위험에 빠진다. 폭풍우가 몰아치는 바다에서는 신분의 고하보다 항해술이 생사를 결정한다. 디오게네스는 자신을 철학과 삶의 지혜에서만큼은 의사나 키잡이와 같은 전문가라고 여긴 것이다. 비록 법적으로는 노예이지만, 진정한 삶의 가치와 행복에 대해서는 자신이 크세니아데스보다 훨씬 더 많이 알고 있다고 확신했다. 그리고 그 확신은 교만이 아니라 자신의 삶 전체로 증명한 진리였다. 이는 디오게네스의, 상황에 따라 변하지 않는 철학적 면모를 보여줌과 동시에 진정한 권위는 사회적 지위에서 나오는 것이 아니라 능력과 지혜에서 나온다는 것을 보여주는 일화다. 우리는 디오게네스처럼 신념과 부딪히는 상황에 부닥쳤을 때 이런 자세가 필요하다. 사람들은 환경과 상황에 따라 쉽게 변한다. 권력자 앞에서는 아부를 떨고, 가진 것이 많은 사람 앞에서는 위축되며, 심지어 부족한 자신을 보고 "왜 이렇게 태어났어?"라며 스스로를 경멸하기도 한다. 그러나 디오게네스는 노예로 팔려가는 신세임에도 불구하고 스스로를 낮추지 않았다. 오히려 자신을 높이 치켜세웠다. 이는 중요한 진리를 말해준다. 환경이 곧 나의 가치를 정하는 것은 아니라는 것이다. 노예시장에 선 디오게네스는 외적으로는 가장 비참한 상황에 있었다. 자유를 빼앗기고, 물건처럼 팔려 갔기 때문이다. 하지만, 그의 내면은 그 어느 때보다 자유로웠다. 왜냐하면 그는 외부의 상황이 자신의 본질을 규정하도록 허락하지 않았기 때문이다. 이처럼 세상의 틀에 스스로를 가두지 않는 사람이 진정으로 자유롭게 살 수 있다. 사회가 만들어놓은 위계질서, 재산과 지위에 따른 가치 판단, 성공과 실패의 이분법 이런 것들은 우리를 옭아매는 보이지 않는 감옥이다. 디오게네스는 법적으로는 노예였지만, 정신적으로는 그 어떤 자유인보다 자유로웠다. 오늘날도 마찬가지다. 불리한 상황에 놓여 있을지라도, 자기 안에 신념과 소신을 가진 사람은 외부의 평가에 흔들리지 않아야 한다. 돈이나 지위가 없다고 해서 스스로를 비하하거나 낮출 필요는 없다. 오히려 그런 것에 얽매이지 않을 때, 우리는 더 단단하고 존엄한 자유를 누리며 자신의 진가를 발견할 수 있다. 물론 대단한 일을 해낸 사람들에게 존중을 표할 수는 있다. 그러나 그들의 말을 절대 권력처럼 믿고 맹목적으로 찬양하는 것은 다른 문제다. 그것은 존중이 아니라 자기 주체성의 포기다. 진정으로 자유로운 사람은 상대방의 지위가 어떻든, 무엇을 가졌든 그런 외적인 것에 굴하지 않는다. 그들의 지혜를 배울 수는 있지만, 그들 앞에서 자신을 잃어버리지는 않는다. 만약 당신이 성공한 사람들이나 권위 있는 사람들 앞에서 자꾸 자존감이 낮아지고 기가 죽는다면, 한번 깊이 생각해 봐야 한다. 내가 무엇이 그렇게 두려워 타인에게 굽신거리며 살고 있는지, 자꾸 나를 낮추는 이유가 그동

안 내가 얽매여 살아왔던 사회의 관습 때문이며, 남들이 나를 쉽게 이용하기 위한 세뇌가 아니었는지 말이다. 우리는 어려서부터 "겸손해야 한다.", "분수를 알아야 한다.", "주제를 파악해야 한다"는 말을 들으며 자랐다. 이런 말들은 때로는 더불어 살아가기 위해 필요한 교육이지만, 때로는 우리를 억압하는 도구가 되기도 한다. 누군가는 우리가 당당하지 못하기를 바란다. 우리가 스스로를 낮게 평가하고, 자신의 권리를 주장하지 못하고, 불합리한 상황에도 순응하기를 원한다. 그래야 우리를 더 쉽게 통제하고 이용할 수 있기 때문이다. 하지만 디오게네스는 이런 논리를 거부했다. 노예시장에서조차 자신을 상품으로 여기지 않았다. 그는 자신의 가치를 스스로 정의했고, 그 정의를 세상에 당당히 선언했다. 그리고 놀랍게도 그것이 통했다. 그래서 가진 것이 없어도 늘 당당해야 한다. 디오게네스처럼 어떤 상황이 와도 기죽지 않고 당당하면, 언젠가 그 기세가 기회를 불러다 줄 것이다. 환경이 당신을 규정하도록 내버려두지 말고, 당신이 환경을 규정하라. 상황이 당신의 가치를 정하도록 허락하지 말고, 당신이 당신의 가치를 선언하라. 그것이 디오게네스가 노예시장에서 보여준, 가장 강력하고 자유로운 삶의 방식이다.

**"만약 의사나, 배의 키잡이가 노예라 할지라도,
그 사람이 말하는 것은 따라야 하는 게
당연한 거 아니겠소?"**

Chapter. 06

디오게네스의 본질론

Diogenes

001

본질을 보지 못하면
길을 잃는다

 한 날은 디오게네스가 신전 앞을 지나가다가 간절히 기도하는 부모들을 보았다. 그들은 신에게 아들을 낳게 해달라고 애타게 빌고 있었다. 당시 그리스 사회에서 아들은 가문의 대를 잇고 재산을 물려줄 후계자를 의미했기에 부모들에게는 절실한 바람이었다. 그러나 그 모습을 지켜보던 디오게네스는 그들의 피상적인 바람을 꼬집듯 말했다. "아들을 달라 빌면서, 정작 그 아들이 어떤 성품과 지혜를 지니기를 바라는 기도는 하지 않는단 말인가?" 그의 말은 부모들이 아들이라는 성별에만 집착할 뿐, 그 아이가 어떤 사람으로 성장할지를 간과하고 있음을 지적한 것이다. 성별은 단순히 운의 문제지만, 성품과 지혜는 부모의 가르침, 사회적 환경, 그리고 개인의 노력으로 형성된다. 그러나 많은 부모들은 여전히 전자에만 집착하고 후자는 소홀히 한다. 그래서 본질보다 결과만을 좇는 부모 밑에서 자란 아이들은 늘 불안에 시달리게 되는데 오늘날에도 그 모습을 쉽게 볼 수 있다. 결과만 바라보는 부모들은 아이들에게 이렇게 말한다. 학생일 때는 "그래서 좋은 대학에 갈 수 있겠냐?"라는 말을 듣고, 사회에 나와서는 "언제 취직할 거냐?"라는 말을 한다. 취직 후에는 "언제 결혼할 거냐?"라는 말이 따라오고, 결혼하면 또다시 "아이는 언제 낳을 거냐?"라는 질문이 이어진다. 이렇게 끊임없이 조건과 결과만을 요구받으며 살아가다 보니 아이들은 불안과 압박 속에서 자신을 잃어버리기 쉽다. 가장 중요한 것은, 그 아이가 친구들과 어떤 관계를 맺는지, 어려움 속에서 어떤 선택을 하는지, 어떤 가치관을 세워가는지다. 그러나 이에 대한 관심은 적고, 눈앞의 성과와 결과만이 지나치게 강조되는 현실 속에 사로잡혀 자식 혹은 주변 사람들에게 그런 잣대를 들이미는 것이다. 그래서 우리는 언제나 본질을 잊지 않으려 애써야 한다. 공부를 왜 하는지, 돈을 왜 버는지, 결혼은 무엇을 위해 하는지 스스로 묻고 답을 찾아야 한다. 그렇지 않으면 욕망에 끌려 늘 불안과 괴로움 속에서 살아가게 된다. 행복은 결과보다 과정에 가깝고, 눈에 보이는 것보다 보이지 않는 것에서 더 크게 다가온다. 예를 들어 보자. 사과를 얻는 데도 두 가지 길이 있다. 땅을 갈고, 씨앗을 심고, 거름을 주며 정성껏 키워서 얻은 사과와 아무 노력 없이 얻은 사과. 어느 쪽이 더 행복감을 줄까? 분명 전자일 것이다. 그 사과는 단순히 '결과'가 아니라, 긴 과정 속에서 흘린 땀과 인내가 담긴 달콤한 열매이기 때문이다. 결국 행복은 사과 그 자체가 아니라, 그 과정을 통해 쌓아온 '가치'에서 비롯된다. 열심히 키워서 사과를 얻는 사람과 아무것도 안 하고 사과를 얻는 사람 중 누가 더 행복감이 클까?

100% 확률로 전자인 사람이 얻는 행복감이 더 클 것이다. 땅을 갈고, 사과나무 씨앗을 심고, 거름을 주면서 열심히 키워낸 그런 '과정'에서 얻게 된 달콤한 사과일 테니까 말이다. 이는 결과적으로 사과를 얻어서 행복한 것보다 자신이 노력해 온 '가치'에 의해 더 행복감을 느끼는 것이다. 또한 친구가 직접 손으로 쓴 편지를 받았을 때를 떠올려 보자. 종이에 적힌 빽빽한 글자도 좋지만, 더 깊은 감동을 주는 것은 이 글을 쓰기 위해 시간을 내고, 마음을 담아 적어 내려간 보이지 않는 '정성'이다. 행복은 이렇게 눈에 보이지 않는 진심 속에 깃들어 있다. 그렇다면, 결과가 기대만큼 좋지 않아도 과정에서 이미 보물을 얻은 셈이고, 그 길을 걸어가는 순간순간이 곧 행복이 된다. 디오게네스가 "아들이 어떤 성품과 지혜를 지닌 사람으로 태어나기를 기도하지 않는다"는 말 역시 같은 맥락이다. 형식보다 내용을, 겉모습보다 내면을, 성취보다 성품을 더 중하게 여기라는 뜻이다. 이것이야말로 불행의 씨앗을 막고, 본질을 지켜내는 길일 것이다.

"아들을 달라 빌면서, 정작 그 아들이 어떤 성품과 지혜를 지니기를 바라는 기도는 하지 않는단 말인가?"

002

기회는 자유를 주기도, 사슬을 만들기도 한다

알렉산드로스 왕의 한 장군이 디오게네스에게 전갈을 보냈다. 그 장군은 당시 권세와 부를 모두 가진 막강한 인물이었다. 화려한 저택과 풍성한 음식, 그리고 수많은 하인이 그를 섬기고 있었다. 그런 그가 소문으로만 듣던 견유학파 철학자에게 관심을 보인 것이다. "위대한 철학자여, 제 저택으로 와 주십시오. 최고의 성찬을 대접하겠습니다." 사실 이런 초대를 받는다는 것은 당시로서는 엄청난 영광이었다. 알렉산드로스 왕의 장군이라면 누구나 알아주는 권력자였고, 그의 초대를 받는다는 것은 사회적 지위의 상승을 의미했다. 보통 사람이라면 기꺼이 달려갔을 것이다. 하지만 디오게네스의 대답은 전혀 예상치 못한 것이었다. "나는 장군에게 성찬을 대접받기보다는, 아테네에서 소금을 핥고 있기를 바라오." 장군의 사자는 당황했다. 화려한 만찬과 권력자와의 만남을 거부하고 소금이나 핥겠다니, 도대체 무슨 의미인지 이해할 수 없었다. 하지만 디오게네스에게는 이 선택이 지극히 당연한 것이었다. 당시 소금은 귀한 것이었지만, 권력자의 화려한 성찬보다, 자유롭게 자신만의 공간에서 소금 한 줌으로 만족하는 삶을 택한다는 말이었다. 이 일화는 진정한 자유가 무엇인지에 대한 깊은 성찰을 담고 있다. 많은 사람이 자유는, 모든 것을 통제할 수 있는 힘에서 나온다고 생각한다. 그래서 잘나고 대단한 사람을 만날 기회가 주어지면 고개를 숙인다. 하지만 이는 새로운 의존과 구속의 시작일 수 있다. 디오게네스의 상황으로 예를 들자면, 장군의 성찬에 갔다면 그에 대한 예의와 보답의 의무가 생긴다. 그의 비위를 맞춰야 하고, 그의 기대에 부응해야 한다. 결국 그렇게 하다 보면 자신도 모르게 원칙과 자유를 조금씩 포기하게 된다. 반면 아테네에서 소금을 핥으며 살아가는 삶은 물질적으로는 보잘것없어 보일지라도, 누구에게도 의존하지 않는 완전한 자유를 지닌 삶이다. 누구의 눈치도 보지 않고, 아무에게도 빚지지 않은 삶 말이다. 현대 사회에서도 우리는 비슷한 선택의 기로에 서곤 한다. 더 높은 연봉을 제시하는 회사의 이직 제안, 사회적 지위를 높여줄 모임의 초대, 경제적 이익을 가져다줄 사업 기회들. 이런 '좋은 기회'가 다가올수록 사람들은 쉽게 덥석 물고 싶어진다. 하지만 그 순간에 디오게네스처럼 스스로에게 질문해야 한다. 과연 이 기회가 나를 자유롭게 하는가, 아니면 또 다른 사슬로 묶는 것인가? 세상에는 공짜란 없다. 무엇이든 반드시 '대가'가 따르는 법이다. 그렇기에 누군가 좋은 자리를 마련해 줄 때, 먼저 얻을 것을 따지기보다 잃을 것을 생각해 보는 것이 좋다. 내가 가장 소중히 여기는 것을 잃게 된다면, 굳이 그 자리에 갈 필요가 없어지는 것이 명확해지기 때문이다. 때로는 지금 가진 것에 만족하는 삶이야말로 더 큰 자유를 가져다준다. 그래서 기회가 찾아올 때마다 진정으로 중요한 것이 무엇인지 분별하는 지혜를 갖길 바란다. 그것이 우리의 삶을 더 자유롭게 할 것이다.

**"나는 장군에게 성찬을 대접받기보다는,
아테네에서 소금을 핥고 있기를 바라오."**

003

가짜 바쁨은
진짜 삶을 갉아먹는다

한때 디오게네스가 살던 도시에 전쟁 소식이 퍼졌다. 적군이 다가오고 있다는 소문에 온 도시가 발칵 뒤집혔다. 사람들은 미친 듯이 뛰어다녔다. 어떤 이는 무기를 준비했고, 어떤 이는 성벽을 보강했으며, 또 어떤 이는 식료품을 비축했다. 모든 사람이 바쁘게 움직였다. 이런 광경을 지켜보던 디오게네스는 갑자기 이상한 행동을 시작했다. 그는 언덕 위로 올라갔다가 다시 아래로 내려오기를 반복했다. 마치 무언가 중요한 일을 하는 것처럼 열심히 오르락내리락했다. 처음에는 전쟁 준비에 너무 바빴기 때문에 사람들은 그를 신경 쓰지 않았다. 하지만 디오게네스가 계속해서 의미 없어 보이는 행동을 반복하자, 몇몇이 호기심을 참지 못하고 물었다. "지금 당신은 무얼 하고 있소?" 디오게네스는 잠시 멈춰 서서 땀을 닦으며 대답했다. "별거 없다네. 그저 다들 바쁜데, 나만 한가하게 있는 게 미안해서 이렇게라도 움직였다네." 사람들은 디오게네스의 말을 잠깐 생각하더니 서서히 그 말의 의미를 이해하기 시작했다. 그는 자신들의 바쁜 움직임을 비웃고 있는 것이었다. 실질적으로 전쟁에 필요한 준비를 하는 사람은 극소수였고, 걱정에 앞서 오두방정을 떨며 움직이는 이들이 더 많았던 것이다. 디오게네스가 높은 곳에서 낮은 곳으로 오르락내리락하는 것이 무의미하다면, 사람들이 하고 있는 오두방정 떠는 일들 또한 마찬가지로 의미 없다는 것을 보여준 것이다. 이는 정말 중요한 이야기다. 사람들은 바쁘게 움직임으로써 자신이 뭔가 중요한 일을 하고 있다고 착각한다. 특히 위기 상황에서 가만히 있으면 불안하고, 움직여야 안전하다고 생각하기 때문에 무언가를 더하려 하고 계속 그것을 붙잡고 생각한다. 하지만 그 행동들이 문제를 해결하지 못할 때가 많다. 그래서 열심히 한다는 것과 제대로 한다는 것을 명확히 구분해야 하며, 자신이 생산적인 일을 한다고 착각하지 않도록 경계해야 한다. 가짜 바쁨은 우리가 가장 쉽게 속는 함정이다. 하루 종일 일을 하고 회의를 나누며 보고서를 쓰지만, 정작 본질적인 문제는 여전히 제자리일 때가 많다. 바쁜 일정 속에서 우리는 성실하게 살고 있다고 착각하지만, 그것이 내 인생을 바꿔주지는 않는다. 이렇게 계속 열심히 살지만, 제자리인 이유는 방향 없이 움직이는 것이기 때문이다. 진짜 중요한 것은 무엇에 시간을 쓰고 있는지다. 불필요한 것들을 걷어내고 꼭 필요한 일에 집중할 때 생산적인 일을 해낼 수 있다. 결국 중요한 것은 '행동의 빈도'가 아니라 '방향'이다. 아무리 부지런히 달려도 잘못된 길 위에 있다면 도착지는 더 멀어진다. 디오게네스의 기이한 행동은 바로 그 본질을 놓치지 말라는 경고였다. 우리 역시 주변의 사람들이 열심히 산다고 나도 방향을 잡지 않고 열심히 따라 달리다 보면 어느 순간 내가 어디로 가는지도 모른 채 지쳐버리게 된다. 그러니 잠시 멈춰 호흡을 고르고, 내가 서 있는 자리와 나아가야 할 방향이 맞는지 되돌아보아야 한다. 그렇지 않으면 몸은 병들고, 마음은 무너져 결국 아무 일도 하지 못하게 된다. 어쩌면 '위기'란 더 달려야 한다는 신호가 아니라, 너무 열심히 달려왔으니 잠시 멈추어 생각하라는 신호일지 모른다. 그러니 가짜 바쁨에 속지 말고, 내 삶의 방향을 먼저 세워라. 그러면 적게 움직여도 효율적인 삶을 살 수 있게 될 것이다.

"별거 없다네. 그저 다들 바쁜데, 나만 한가하게 있는 게 미안해서 이렇게라도 움직였다네."

004

사람은 상황에 따라 바뀐다

 어느 날, 한 사람이 디오게네스에게 도발적인 질문을 던졌다. 견유학파 철학자들이 스스로를 '개'라 부른다는 사실을 알고 있던 그는 비아냥대듯 물었다. "당신은 어디서 태어난 개인가?" 그 말속에는 디오게네스를 짐승 취급하며 모욕하려는 뚜렷한 의도가 담겨 있었다. 그러나 디오게네스는 조금도 흔들리지 않았다. 오히려 미소를 지으며 이렇게 답했다. "배가 고플 땐 애완견, 배가 부를 땐 집을 지키는 대형견." 질문자는 더 이상 말을 잇지 못했고, 듣는 이들은 디오게네스의 한마디가 던지는 무게를 느낄 수밖에 없었다. 디오게네스의 이 답변에는 놀라운 지혜가 숨어 있다. 그는 모욕을 피하거나 맞받아치는 것이 아닌, '개'라는 비유를 통해 우리 모두가 상황에 따라 다른 모습을 보인다는 인간의 본성을 말한 것이었다. '배가 고플 때 애완견'이 된다는 것은 필요할 때는 누구나 겸손해지고, 때로는 애교를 부리기도 한다는 뜻이다. '배가 부를 때 집 지키는 대형견'이 된다는 것은 여유가 생기면 사람들은 자신의 영역을 지키려 하고, 때로는 권위적이게 되고, 남들을 경계하기도 한다는 뜻이다. 즉, 사람은 언제나 상황에 따라 바뀌기 때문에 개나 사람이나 별반 다를 바가 없다는 의미를 담고 한 말이었다. 디오게네스는 이를 인간의 자연스러운 적응 능력으로 보았다. 상황에 따라 유연하게 대처하는 것은 생존의 지혜이기 때문이다. 인간의 본성에는 이기심이 있고, 자신에게 좋은 것, 맛있는 것, 행복한 것들만 있길 바란다. 그래서 직장에서는 성과를 위해 적극적이고 공격적인 모습을 보이다가도, 집에서는 가족 앞에서 부드러운 모습을 보인다. 친구들과 있을 때는 유머러스하고 자유분방하다가도, 윗사람 앞에서는 조심스럽고 예의 바른 모습을 보인다. 이처럼 사람은 자신의 상황에 따라 다 변하게 되어 있다. 그런데 많은 사람이 이런 모습을 보며 가식적인 사람이라고 질책한다. 하지만 디오게네스의 관점에서 보면 이는 지극히 자연스러운 일이다. 그런데 이를 위선이라고 말하며 비꼬는 사람들이 있다. 그런 사람들에게 디오게네스는 아마 이렇게 말했을 것이다. "가면을 쓰는 건 부끄러운 일이 아니라, 살아가기 위한 자연스러운 방편일 뿐이다." 사실 인간이 전혀 다른 상황에서도 똑같은 얼굴을 하고 산다면, 그것이 오히려 더 어리석고 미숙한 사람일지 모른다. 직장에서의 태도와 집에서의 태도가 다른 것은 두 얼굴을 가진 게 아니라, 각각의 관계와 맥락에 맞는 역할을 수행하는 능력이다. 부모 앞에서의 순한 모습, 친구들 앞에서의 자유로움, 상사 앞에서의 절제된 예의가 모두 가식이라면, 인간은 결국 사회 속에서 아무와도 어울리지 못하고 고립될 수밖에 없을 것이다. 중요한 건 모습이 다르냐 같냐가 아니라, 그 속에 담긴 마음의 진정성이다. 어떤 상황에서도 본질적으로 남을 해치지 않고, 자신에게 주어진 역할을 성실히 감당한다면 그것은 가식이 아니라 성숙한 적응 능력이다. 사람들은 이런 걸 어른의 우아함이라고 부른다. 사람에 따라 말투와 행동이 달라지는 것을 말하는 게 아니다. 기분이 좋지 않아도 상황에 따라 침착하게 행동하고, 손해를 보더라도 그 사람을 위해 먼저 배려할 줄 아는 우아함인 것이다. 즉, 자신의 기준은 쉽게 바꾸지 않지만, 소중한 것을 위해서는 언제든 자신을 희생할 준비가 된 사람이다. 무너진 마음에도 평소처럼 웃으면서 말할 수 있는 사람, 화가 난 상황에서도 크게 소리치지 않고 차분히 설명할 줄 아는 사람, 기쁜 일이 있어도 자만하지 않고 겸손을 잃지 않는 사람, 타인의 잘못을 보더라도 곧장 손가락질하기보다 이해하려는 마음을 품는 사람은 어른의 우아함을 품은 사람이다. 그러니, 완벽하고 일관된 모습만이 멋진 사람이라 생각하는 착각에서 벗어나, 상황에 따라 변하는 자신의 모든 모습을 받아들이자. 때로는 애완견처럼 사랑하는 이에게 꼬리를 흔드는 모습도, 때로는 대형견처럼 당당하고 보호적인 모습도 모두 우리 안에 있는 나의 일부이니, 자신의 중심만 잃지 않는다면 부끄러워하지 말고 마음껏 우아함을 뽐내자.

**"배가 고플 땐 애완견,
배가 부를 땐 집을 지키는 대형견"**

005

자신을 속이면
이상한 것을 하게 된다

그리스인들의 목욕탕은 그 시대 사람들에게 몸을 씻는 곳 이상의 의미를 지니고 있었다. 당시에는 오늘날처럼 샤워 시설이 없었기 때문에, 목욕 후에 향유(향기가 나는 기름)를 발라 피부의 먼지와 땀을 닦아내고 매끈하게 유지했다. 기름이 피부의 때와 섞여 떨어져 나가면서 일종의 세정제 역할을 했던 것이다. 특히 부유한 이들은 값비싼 향유를 온몸에 바르며 자신의 부와 생활 수준을 과시했다. 향유의 향기는 멀리서도 느껴졌고, 그것은 곧 그 사람의 재력과 지위를 드러내는 일종의 신분의 상징이 되기도 했다. 사람들은 서로 어떤 기름을 쓰는지, 얼마나 고급스러운 향기를 풍기는지를 두고 은근히 경쟁하곤 했다. 그러나 그런 모습을 곁에서 지켜보던 디오게네스는 생각에 잠겼다. 그러곤 갑자기 목욕탕 근처 진흙탕에 몸을 구르며 말했다. "나는 값싼 방식으로도 충분히 깨끗해질 수 있다." 사람들은 그 장면을 보고 놀라거나 혐오감을 드러냈지만, 디오게네스는 개의치 않았다. 그는 그저 웃으며, 진흙에 몸을 묻히며 신나게 뒹굴렀다. 그가 이런 행동으로 말하고자 했던 건, 향유를 바르는 것의 '본래의 목적이 무엇인가?'라는 메시지였다. 사람들은 형식과 체면에만 매달리며 본질을 잊는다. 그러나 디오게네스는 그 겉치레를 뒤집어 엎고, 향유를 바르는 모든 행위가 결국에는 몸을 씻고 깨끗하게 하기 위함인 걸 보여주려 했다. 그의 행동 속에는 '삶의 본질을 직시하라'는 철학적 외침이 담겨 있었던 것이다. 우리도 나만에 인생을 살려면 향유를 바르며 자신을 뽐내려는 사람처럼 되지 않도록 조심해야 한다. 특히, 더불어 가는 세상에서는 자신을 위한 행동이 남에게 보여주기 위한 행동으로 변질될 때가 많다. 자기만족을 위해 꾸몄던 행동이 필요 이상으로 꾸미게 되고, 나의 건강을 위한 운동이 자랑하기 위한 운동이 되어 과하게 돈을 쓰거나 굶게 되는 것처럼 말이다. 그래서 가장 경계해야 할 것은 나를 위한 것이 타인을 위한 것이 되지 않도록 하는 것이다. 타인의 시선을 의식하다 보면 인정받기 위한 과시욕만 남게 되기 때문이다. 사람은 자신이 좋아하는 걸 하지 않으면 점점 이상한 걸 하게 된다. 후회는 나쁜 결과 때문에 하는 게 아니라, 내가 원하는 대로 하지 않았을 때 생기는 것이고, 솔직함은 거짓말을 해서 사라지는 게 아니라, 나답지 않을 때 사라지는 것이다. 무엇을 하든, 그 출발점이 나 자신을 위한 것인지 생각해보고, 자신의 고유한 색을 기억하며 그 색감을 잃지 않도록 조심하길 바란다.

"나는 값싼 방식으로도 충분히 깨끗해질 수 있다."

006

유연한 태도가
세상을 넓힌다

플라톤이 제자들과 아카데미아에서 토론을 벌이고 있었다. 그날의 주제는 "인간이란 무엇인가"였다. 깊은 사색 끝에 플라톤은 자신만만하게 선언했다. "인간이란 두 발로 걷는 깃털 없는 짐승이다." 제자들은 스승의 명쾌한 정의에 감탄하며 고개를 끄덕였다. 논리적이고 간결한 정의였다. 인간을 다른 동물과 구분하는 명확한 기준을 제시한 것처럼 보였다. 네발로 걷는 짐승들과는 다르고, 날아다니는 새들과도 다르며, 그렇다고 물고기나 곤충도 아닌, 바로 그 중간 어딘가에 인간을 정확히 위치시킨 정의였다. 하지만, 이 소식을 들은 디오게네스는 씩 웃었다. 며칠 후, 디오게네스는 시장에서 닭 한 마리를 사서 정성스럽게 털을 모두 뽑았다. 그리고는 털이 다 뽑힌 닭을 들고 플라톤의 아카데미아로 향했다. 플라톤이 제자들 앞에서 강의하고 있는 곳으로 성큼성큼 걸어 들어간 디오게네스는 털 뽑힌 닭을 높이 들어 올리며 큰 소리로 외쳤다. "여기 있다! 이게 바로 플라톤의 인간이다!" 아카데미아는 순식간에 웃음바다가 되었다. 털 뽑힌 닭은 확실히 두 발로 서 있었고, 깃털도 없었다. 플라톤의 정의한 사람에 완벽하게 들어맞았던 것이다. 제자들은 웃음을 참지 못했고, 플라톤은 얼굴이 빨갛게 달아오르며 당황했다. 순간 아카데미아 안에 흐르던 학문적 권위가 흔들렸다. 그토록 심오하게 논의되던 인간의 정의가, 시장에서 산 닭 한 마리로 무너져 내린 것이다. 플라톤은 곧 자신의 실수를 깨달았다. 그는 정의의 허점을 메우기 위해 서둘러 조건을 추가했다. 그 이후 플라톤은 인간을 정의할 때 '넓고 편평한 손발톱을 가진'이라는 말을 덧붙였다. 그는 이데아의 세계에서 완벽한 정의를 찾으려 했다. 하지만 디오게네스는 한 마리의 닭으로 추상적 사고의 한계와 현실을 간과하는 오만함을 적나라하게 드러냈다. 이는 인간을 단순한 범주나 정의로 규정하려는 시도 자체에 대한 비판이기도 하다. 인간은 고작 몇 개의 특징으로 완전히 정의될 수 없는 존재이다. 인간은 사랑하고, 슬퍼하고, 꿈을 꾸고, 의미를 찾고, 죽음을 두려워하면서도 삶을 사랑하는 존재다. 이런 복잡한 인간의 본질을 단순히 신체적 특징 몇 가지로 정의할 수 있을까? 디오게네스는 플라톤처럼 추상적으로 사유하는 철학자들에게 현실을 직면하라고 말한 것이다. 이 일화가 우리에게 주는 교훈은 명확하다. 현실을 무시한 채 이론에만 매몰되지 말고, 열린 사고로 세상을 바라보라는 것이다. 우리는 살면서 무엇이든 단정하는 경향이 있다. "이건 이렇다", "저건 저렇다"라며 자신의 작은 경험에 의해 확신하며 살아간다. 하지만 무언가를 단정 짓는 자세는 나의 눈과 귀를 막는 행위가 된다. 예를 들어

"나는 결혼을 안 할 거야." "나는 다시는 사람을 안 믿을 거야." 같이 단정 짓는 사고방식은 자신을 한계에 가두는 일이라는 것이다. 플라톤이 "인간은 두 발로 걷는 깃털 없는 짐승"이라고 단정 지었을 때, 그는 인간의 다양성을 생각하지 못했다. 마찬가지로 우리가 우리 자신과 우리의 삶을 단정 지을 때, 우리는 무한한 가능성을 놓치게 된다. 그래서 항상 열린 사고를 해야 한다. 가능성을 열어놓고 그에 맞는 답을 찾으려 노력해야 틀에 박힌 사고를 하지 않게 된다. 세상은 늘 변하고, 우리의 생각도 끊임없이 변한다. 어제의 나와 오늘의 내가 같지 않은데, 어떻게 내일의 상황까지 단정 지을 수 있을까. 지금 결혼하고 싶지 않다고 해서 평생 그럴 것이라고 단정할 필요는 없다. 지금 배신당했다고 해서 모든 사람을 의심하며 살 필요는 없다. 지금의 내가 이렇다고 해서 앞으로도 영원히 이럴 것이라고 믿을 필요는 없다. 우리는 생각보다 훨씬 더 유동적인 존재다. 그렇기에 열린 태도를 가진 사람은 변화 속에서 길을 찾고, 막다른 길에서도 돌아갈 곳을 찾게 된다. 플라톤도

처음에는 자신의 정의가 완벽하다고 믿었지만, 털 뽑힌 닭을 본 후에는 그 정의를 수정했다. 만약 그가 "아니야, 내 정의는 완벽해. 저 닭이 문제야"라고 고집했다면 어땠을까? 그는 현실을 부정하고 자신의 관념 속에 갇혀버렸을 것이다. 철학이든 인생이든 결국 중요한 건 유연함이다. 단단한 돌처럼 굳어버리면 부러지기 쉽지만, 물처럼 흐르면 어떤 길이든 만들어낼 수 있다. 이처럼 삶을 정해진 틀에 가두지 말고, 매 순간 마주하는 현실에서 다시 답을 찾는 사람이 되길 바란다.

"여기 있다! 이게 바로 플라톤의 인간이다!"

Chapter. 07

디오게네스의
진실론

Diogenes

진실을 본 사람은
두려움에 지지 않는다

 권력자들이 사용하는 가장 강력한 무기는 무엇일까? 바로 죽음에 대한 두려움이다. 그들은 "내 말을 듣지 않으면 죽여버리겠다"는 협박 한 마디로 수많은 사람을 굴복시킬 수 있었다. 이는 예로부터 폭군들이 권력을 유지하기 위해 써온 가장 극단적인 방식이었다. 그러나 디오게네스는 이런 협박을 늘 조롱했다. 권력자가 죽음을 무기로 삼을 때마다 그는 비웃으며 말했다. "왕이 나를 죽일 수 있다고? 병도, 짐승도, 심지어 벼룩조차도 사람을 죽일 수 있다." 디오게네스는 가장 작고 미약한 존재인 벼룩도 사람을 죽일 수 있다면, 죽음이라는 것은 결코 권력자만의 특별한 힘이 아니라고 말한 것이다. 또한 죽음은 모든 생명체에게 찾아오는 자연스러운 현상이기에 왕이든 시민이든, 강자든 약자든 결국 모두 죽음 앞에서는 평등하다고 보았다. 그래서 그에게는 죽음은 어떤 위협조차 되지 않고, 그런 권력자들이야말로 자신의 진짜 무력함을 드러내는 것으로 보았다. 진정한 권력이란, 사람들을 설득하고 감화시키는 힘을 가진 자인데, 그것이 불가능하니 원시적인 폭력에 의존하는 것이다. 이런 담대한 사고방식은 삶에서 느끼는 두려움을 덜어준다. 오늘날 우리는 죽음 같은 극단적 상황은 아니더라도 직장, 학교, 사회 곳곳에서 크고 작은 무언의 압박을 받으며 살아간다. 평가에 뒤처질까 두려워 원하지 않는 일을 억지로 맡고, 소외될까 두려워 옳지 않은 말에 맞장구를 치기도 한다. 이런 순간마다 우리는 디오게네스의 태도를 떠올릴 필요가 있다. 그는 권력자들이 휘두르는 죽음의 협박조차 비웃었다. 그는 죽음이라는 본질을 보았고, 그것이 그만의 특권이 아님을 보았기 때문이다. 그렇다면 우리 역시 누군가가 두려움으로 지배하려 할 때, 그들이 실제로 무엇을 가지고 있는지 냉정하게 살펴야 한다. 대부분은 의외로 실질적인 힘이 없고, 말뿐인 경우가 많다. 예를 들어 범인을 잡을 때 심증은 있으나, 물증이 없으면 오히려 위화감을 조성해서 압박할 때가 있다. 이미 증거가 있는 것처럼 압박하는 것이다. 하지만 실제로 증거가 명확하다면 그냥 그 증거를 보여주고 처벌을 받게 한다. 이처럼 힘도 없는 사람들이 자기 말을 듣게 하기 위해서 허세를 부리는 경우가 대부분이라는 것이다. 사람 사이의 급은 기세로 매겨진다. 권한이나 능력보다는 얼마나 당당하게 말하고, 얼마나 자신 있게 행동하느냐가 상대에게 영향을 미친다. 그래서 겉모습만 번지르르한 권위에 주눅 들지 않고, 그 사람이 가진 실질적인 힘이 무엇인지 냉정하게 따져볼 줄 알아야 한다. 그렇게 본질을 꿰뚫어 볼 줄 아는 사람이야말로 어떠한 협박과 기세 앞에서도 자유로울 수 있다.

"왕이 나를 죽일 수 있다고? 병도, 짐승도, 심지어 벼룩조차도 사람을 죽일 수 있다."

002

디오게네스가 본
위선의 실체

디오게네스가 거리를 걷고 있을 때였다. 한 무리의 신전 관리인들이 한 남자를 붙잡아 끌고 가는 장면을 목격했다. 그들은 거룩한 옷을 걸친 성직자들이었고, 엄숙한 표정으로 죄인을 붙잡아 가고 있었다. 붙잡힌 이는 초라한 행색의 도둑으로, 그의 죄는 신전에서 작은 보물 하나를 훔쳤다는 것이었다. 어쩌면 배가 고파서, 혹은 절실한 필요에 의해 저지른 범죄였을 것이다. 이 모습을 본 디오게네스는 성직자들을 가리키며 말했다. "큰 도둑들이 작은 도둑을 잡아가는구나." 주변 사람들은 어이없다는 듯 웃음을 터뜨렸다. 어떻게 거룩한 성직자들을 도둑이라 부를 수 있단 말인가? 그것도 도둑을 잡아가는 사람들을. 그러나 디오게네스의 말은 단순한 비아냥이 아니었다. 그는 신전의 막대한 재산이 어디서 나왔는지를 묻고 있었다. 가난한 사람들이 마지막 동전까지 바친 헌금으로 꾸며진 황금 장식품들, 굶주린 아이들의 입에서 빼앗은 음식으로 차려진 풍성한 제단. 이것이야말로 진정한 도둑질의 결과가 아닌가? 작은 도둑은 보물 하나를 훔쳤을 뿐이지만, 큰 도둑들은 사람들의 신앙과 희망을 이용해 끝없는 부를 축적했다. 작은 도둑의 동기는 배고픔이겠지만, 큰 도둑들의 동기는 탐욕이었다. 그런 그들이, 작은 도둑을 단죄하는 모습이 디오게네스의 눈에는 그야말로 내로남불 그 자체였다. 디오게네스는 권력을 가진 자들이 자신들의 죄는 교묘히 감추면서 약자들의 작은 실수는 크게 부각시키는 현실을 꼬집은 것이다. 이런 일은 오늘날에도 흔하다. 거대한 탈세를 저지른 재벌은 가벼운 처벌을 받거나 아예 면죄부를 얻지만, 생계형 절도범은 엄중한 처벌을 받는다. 수백억 원을 횡령한 고위 공무원은 집행유예로 풀려나지만, 몇만 원을 훔친 서민은 실형을 선고받는다. 정치인들 역시 마찬가지다. 국가 예산을 유용한 뒤 "공익을 위해서였다"고 변명하는 동안, 작은 비리에 연루된 말단 공무원만 희생양이 된다. 큰 도둑이 작은 도둑을 단죄하는 아이러니한 상황이 지금도 반복되고 있다. 디오게네스는, 개인의 작은 범죄보다 더 심각한 문제는 사람들을 범죄로 내모는 사회의 구조, 그리고 권력자들이 자신들의 죄를 가리기 위해 약자들을 앞세워 '정의'를 가장하는 모습이라고 생각했다. "큰 도둑들이 작은 도둑을 잡아가는구나"라는 그의 말에는 날카로운 사회 비판이 담겨 있다. 그러나 여기서 우리는 그들만 욕하는 것이 아닌, 나 자신 또한 큰 도둑이 되어 있지는 않은지도 돌아볼 필요가 있다. 꼭 직위가 높은 공직자만이 큰 도둑은 아니다. 회사에서 당연히 누리는 편의들, 세금을 회피하면서도 공공 서비스를 요구하는 태도, 환경을 파괴하면서도 개인의 편리만 추구하는 모습들. 이런 것들 역시 디오게네스가 말한 시스템을 이용한 '큰 도둑질'에 해당할 수 있다. 사람들은 작은 범죄자를 단죄하는 데는 능숙하지만, 정작 자신이 행하는 불의에는 눈을 감는다. 공정함을 말하려면 타인에게만 잣대를 들이대는 것이 아니라 나 자신에게도 그 기준을 적용해야 한다. 공정이란 나의 이익이 걸려 있을 때도 똑같이 지켜져야 하는 것이다. 그렇지 않으면 공정이라는 말은 결국 누군가를 비난하기 위한 도구에 불과하다. 그렇기에 우리에게 필요한 것은 타인의 잘못을 드러내는 손가락질보다 먼저 자신을 향한 질문이다. 내가 누리는 편리 속에 누군가의 눈물이 스며 있진 않은가, 내가 말하는 정의 속에 이중 잣대가 숨어 있진 않은가를 돌아보아야 한다.

"큰 도둑들이 작은 도둑을 잡아가는구나."

003

욕망은 채워도
결코 가득 차지 않는다

신전에 한 부유한 남자가 들어왔다. 그는 화려한 옷을 걸치고 손가락마다 값비싼 반지를 끼고 있었다. 겉모습만 봐도 상당한 재산을 가진 이임을 알 수 있었지만, 그의 표정은 이상하게도 만족스럽지 못했다. 남자는 제단 앞에 무릎을 꿇고 간절히 기도했다. "위대한 신이여, 제게 더 많은 부를 내려주소서. 제 사업이 더욱 번창하고, 더 큰 부자가 되게 해주소서." 이미 충분히 가진 듯 보였지만 그는 끝없이 더 많은 것을 구하고 있었다. 이 광경을 본 디오게네스는 비웃듯 말했다. "이미 가진 것도 너를 만족시키지 못하는데, 신이 더 준들 무슨 소용이 있겠느냐." 부유한 남자는 순간 당황했지만, 곧 반박했다. "더 많이 가지면 더 행복해질 수 있지 않습니까?" 그러자 디오게네스는 단호히 물었다. "그렇다면 지금껏 부를 늘려오며 정말 행복해졌느냐?" 남자는 대답하지 못했다. 재산이 불어날수록 그는 더 큰 욕심에 사로잡혔고, 더 많은 걱정에 시달렸다. 부자가 될수록 더 큰 부자들과 자신을 비교하며 불안해했고, 가진 것을 잃을까 전전긍긍했다. 디오게네스의 지적은 정확했다. 만족할 줄 모르는 마음은 아무리 채워도 결코 가득 차지 않는다. 오히려 가질수록 더 큰 욕심이 생기고, 더 많은 것을 원하게 된다. 왜냐하면 문제는 가진 것의 양이 아니라 마음의 자세에 있기 때문이다. 이 깨달음은 오늘날에도 여전히 중요하다. 사람들은 종종 "나는 욕심이 별로 없어"라고 말하지만, 실제로는 자신도 모르게 더 많은 욕심을 품고 살아간다. 월급이 200만 원일 때는 300만 원만 받으면 만족할 것 같지만, 막상

300만 원을 받게 되면 곧 500만 원을 원하게 된다. 500만 원이 되면 다시 1,000만 원을 꿈꾼다. 이처럼 욕망의 사슬은 끝없이 이어진다. 집을 예로 들어도 마찬가지다. 월세를 내고 살 때는 전세방을 구해서 돈을 조금이라도 아끼고 싶다고 말하고, 전세방을 구하게 되면 작은 아파트라도 내 집이 있으면 좋겠다고 말한다. 이것이 인간의 끝없는 욕심이다. 그러나 삶에 만족할 줄 아는 사람은 월급이 100만 원이든 200만 원이든 그에 맞는 행복을 찾는다. 오늘도 묵묵히 일터에 나간 자신을 칭찬하고, 퇴근 후 가족과 함께하는 시간을 감사히 여긴다. 즉, "더 많이 가지면 행복해질 것"이라는 믿음은 착각이다. 행복은 가진 것의 양에 비례하지 않는다. 지금 가진 것으로 만족하지 못한다면, 더 많이 가져도 결코 만족할 수 없다. 물론 가진 것이 많으면 삶은 편리해진다. 그러나 "행복하기 위해 돈을 번다"라거나 "가진게 없어서 불행하다"라는 말은 정확하지 않다. 오히려 "더 편하게 살고 싶다"라는 표현이 더 솔직할 것이다. 문제는 우리가 편리함과 행복을 자꾸 혼동한다는 데 있다. 더 많은 재산은 삶을 편리하게 만들 수 있지만, 결코 행복을 보장하지는 않는다. 행복은 조건이 아니라 태도에서 비롯된다. 만약 당신이 지금 가진 것으로 만족할 수 없다면, 더 많이 가져도 만족할 수 없는 사람이다. 디오게네스가 지적한 것도 바로 이 점이었다. 그는 스스로 최소한의 것만을 가지고 살며, 타인의 욕망을 비웃었다. 우리 또한 물질의 양이 아니라 마음의 크기가 삶의 질을 결정한다는 사실을 기억해야 한다. 정말 행복해지고 싶다면, 더 많이 갖기를 추구하기 전에 먼저 지금 가진 것의 가치를 깨닫는 법부터 배워야 할 것이다.

**"이미 가진 것도 너를 만족시키지 못하는데,
신이 더 준다고 무슨 소용이 있겠느냐."**

004

다수의 선택이 반드시 옳은 것은 아니다

아테네에서 큰 운동 경기가 열렸다. 그리스 전역에서 이름난 선수들이 모였고, 거리는 경기장으로 향하는 인파로 가득했다. "서둘러! 좋은 자리가 없어지겠다!" "이번 경기는 꼭 봐야 한대!" 사람들은 한 방향으로 몰려갔다. 그런데 그 군중 사이에서 홀로 정반대 방향으로 걷는 사람이 있었다. 바로 디오게네스였다. 여유로운 걸음으로 사람들과 반대로 향하는 그를 본 이들이 의아해 물었다. "철학자님, 경기장은 이쪽입니다!" "길을 잘못 가고 계신 것 같습니다!" 그러자 디오게네스는 정면을 응시하며 짧게 답했다. "나는 언제나 사람들이 몰려가는 길을 피해 다닌다." 그의 행동은 단순한 괴벽이 아니었다. 그는 군중심리의 위험을 일찍이 간파하고 있었다. 많은 사람들이 향하는 곳이 반드시 옳은 길은 아니며, 인기와 유행을 좇는 것은 곧 맹목적인 추종일 수 있다는 사실을 몸소 보여주고 있었던 것이다. 대부분의 사람들은 깊이 생각하지 않고 유행을 좇으며, 인기 있는 것을 선택하고, 다수가 하는 일을 옳은 것처럼 여긴다. 그러나 디오게네스는 그런 분위기를 따라가지 않고, 자신이 진정으로 원하는 길을 선택하려 했다. 누군가는 디오게네스를 두고 지나치게 진지한 사람이라고 말할지도 모른다. 그러나 그의 태도는 인생을 살면서 한 번쯤은 곱씹어볼 만한 관점이다. 특히 요즘처럼 소문이 순식간에 퍼지는 시대에는 더욱 그렇다. 누군가 맛집이라 하면 줄을 서고, 유행하는 옷이라 하면 앞다투어 사고, 인기 있는 여행지라 하면 구름떼처럼 몰려간다. 하지만 막상 가서는 인파에 치여 스트레스만 받고, 심할 경우 사고까지 이어지기도 한다. 그럼에도 불구하고 많은 이들이 단지 "재밌다, 맛있다"는 말 한마디에 움직인다. 그리고 돌아와 후회하는 경우도 적지 않다. 이처럼 확실하지 않은 소문에 휘둘리지 않고 주체적으로 살아가기 위해서는, 모두가 옳다고 외칠 때 반대의 관점을 떠올려 보는 시선이 필요하다. 그렇다고 무조건 남들과 반대로 살아야 한다는 뜻은 아니다. 디오게네스 역시 그런 극단을 원한 것이 아니었다. 물론, 남들의 선택이 그가 생각하기에 합리적이었다면 그것을 따를 수도 있었다. 다만, 맹목적인 추종을 경계했을 뿐이다. 좀 더 이해하기 쉽게 주식시장에 빗대어 보자. 특정 주식의 가격이 오르고 사람들이 그 종목에 몰리면, 군중심리에 휩쓸린 이들은 깊이 고민하지 않고 따라 산다. 그러나 현명한 투자자는 먼저 묻는다. "사람들이 왜 이 종목을 사는가? 정말 가치가 있는가?" 부동산 역시 마찬가지다. 특정 지역에 수많은 이들이 몰릴 때, 그 흐름에 무턱대고 편승하기보다 냉정히 미래 전망과 가치를 분석해야 한다는 것이다. 디오게네스가 말하고

자 했던 것은 단순하다. 다수가 선택했다고 해서 그것이 곧 정답은 아니라는 것. 맹목적으로 따르지 말고, 언제나 스스로 생각하고 판단하라는 것이다. 설령 그 결과가 소수의 길이 될지라도 말이다. 물론 이 과정은 외로움과 두려움을 동반한다. 하지만 그는 그런 외로움을 감수하며 자기 길을 걷는 것이야말로 진정한 자유라고 믿었다. 우리 역시 그처럼 자유로운 삶을 원한다면, 비록 혼자일지라도 자신만의 길을 찾아갈 용기를 가져야 한다. 그것이야말로 흔들리지 않는 삶을 사는 첫걸음일 것이다.

"나는 언제나 사람들이 몰려가는 길을 피해 다닌다."

005

타고난 조건은 시작일 뿐, 끝이 아니다

 어느 날 디오게네스가 거리를 지나가는데, 한 청년이 거울 앞에서 자신의 모습을 감상하고 있었다. 청년은 자신의 잘생긴 얼굴과 균형 잡힌 몸을 훑어보며 거울 앞에서 이리저리 포즈를 취했다. "나처럼 잘생긴 사람이 또 있을까?" 청년은 자기만족에 빠져 중얼거렸다. 자신의 외모에 완전히 도취한 모습이었다. 이 광경을 지켜보던 디오게네스가 청년에게 다가가 말했다. "네 얼굴은 네 부모의 공로다. 잘 살아라." 디오게네스의 말

속에는 청년의 자만심을 꿰뚫는 의미가 담겨 있다. 먼저, 첫 번째로 "네 얼굴은 네 부모의 공로다."라는 말은 청년에게 겸손함을 알려주기 위함이다. 외모는 본인이 노력해서 얻은 것이 아니라 부모로부터 물려받은 것이다. 따라서 그것에 취해 자기가 뭐가 된 것처럼 자랑하고 다니는 모습은 우스꽝스러운 일이라는 지적이었다. 두 번째로 "잘 살아라"라는 말은 외모가 아무리 뛰어나도 그것만으로는 아무 의미가 없다고 말한 것이다. 아무리 아름다운 얼굴도 세월 앞에서는 무력하다. 주름이 지고, 머리가 희어지고, 몸은 쇠약해진다. 그러나 출중한 얼굴로 돈을 벌어 기부하거나, 사람들에게 밝게 인사 하고, 사람을 이용하지 않는 올바른 심성을 가지면 사람들에게 좋은 사람으로 기억된다. 즉, 디오게네스는 타고난 것에 취하지 않고 그것에 감사하며, 어떻게 그것을 활용하며 살아갈 것인가에 대한 질문을 남긴 것이다. 이 일화는 우리 모두에게 던지는 질문과도 같다. 젊음, 외모, 지위, 재산은 잠시 머물다가는 것들이다. 그것을 붙잡고 살아가면, 그것이 사라질 때 함께 무너질 수밖에 없다. 그렇다면 내가 가진 조건이 사라졌을 때 무엇을 내세울 수 있을지 우리는 생각해 보아야 한다. 디오게네스의 인생은 위 질문에 대한 답을 명확히 보여줬다. 그는 잘생기지도 않았고, 좋은 옷을 입지도 않았으며, 꾸미지도 않았다. 오히려 남루한 옷을 걸치고 항아리 속에서 살며, 거지처럼 지냈다. 그러나 사람들은 지금도 그를 기억한다. 반면 거울 앞에서 도취하던 그 청년은 어떻게 되었을까? 아무리 잘생겼어도 얼굴은 먼지가 되었고, 그의 이름조차 알지 못한다. 물론, 타고난 외모나 재능, 뜻밖의 부는 인생에서 유리하게 작용할 수 있다. 그러나 그것에만 기대어 산다면, 언젠가 그 빛이 바랠 때 내가 내세울 만한 것은 없을 것이다. 같은 조건을 가진 사람일지라도 그것을 어떻게 쓰느냐에 따라 삶의 무게는 달라지게 되어 있다. 어떤 이는 주어진 것을 세상을 밝히는 등불로 삼고, 어떤 이는 그것을 자만의 무기로 삼는다. 시간이 흐르면 이런 태도의 차이가 삶의 깊이를 결정한다. 우리가 가진 조건은 시작일 뿐, 끝이 아니다. 그래서 주어진 것을 감사히 여기되 거기에 취하지 않고, 더 나은 삶을 만들어가려는 태도가 중요하다. 타고난 인생을 바보같이 낭비하고 싶지 않다면 가진 것을 자만의 근거로 삼거나, 이미 인생을 다 산 듯 함부로 살아서는 안 될 것이다.

"네 얼굴은 네 부모의 공로다. 잘 살아라."

Chapter. 08

디오게네스의
인간관계론

Diogenes

부자가 된다고
친구가 생기는 건 아니다

어느 날, 부를 추구하는 자신의 생각을 정당화하고 싶었던 한 사람이 디오게네스에게 다가와 물었다. "부자가 되면 많은 친구가 생기지 않겠습니까?" 그는 돈이 많으면 사람들에게 더 베풀 수 있고, 넉넉하게 대할 수 있으니, 자연스레 사람들이 자신을 좋아해 많은 친구들을 사귈 수 있으리라 생각했다. 그러나 디오게네스의 대답은 그의 기대를 단번에 무너뜨렸다. "그건 친구가 생기는 게 아니라, 돈으로 친구를 사는 것이오." 디오게네스의 말은 친구 관계의 본질을 꿰뚫은 통찰이었다. 우리는 종종 무언가를 '줄 수 있음'으로써 친구 관계를 맺는다고 착각한다. 무언가를 받으면 기분이 좋으니 당연히 그렇게 생각할 수 있다. 하지만 내가 건네는 선물이 비록 진심일지라도, 타인이 진심보다 선물만 보는 사람이라면 그건 선물에 의한 관계가 된다. 즉, 관계는 자의에 의해 정해지는 것이 아닌, 타인에 의해서 정해지는 것이다. 관계는 혼자서 만드는 것이 아니기 때문이다. 내가 아무리 친구라고 생각해도 그 친구가 나를 단순히, 심심할 때 보는 사람이라 생각한다면 나는 친구가 아닌 심심할 때 보는 사람이 되는 것이다. 그래서 내가 가진 것이 많고, 부유하다 해도 진정한 친구를 만들기는 어렵다. 왜냐하면 사람의 마음은 결국 '가치'로 움직이기 때문이다. 그렇기에 친구를 두고 싶다면, 상대가 나를 친구로 대해주길 기대하기보다 내가 그 사람에게 진심으로 대할 수 있는지를 먼저 살펴야 한다. 예를 들어, 누군가가 힘들고 괴로워하는데 '아, 좀 별로네'라는 생각이 든다면 그는 나에게 친구가 아니다. 하지만 '힘들겠다, 도와줘야겠다'는 마음이 든다면 그건 친구로 둬야 하는 관계다. 반대로 내가 어려울 때 떠나가는 이는 가짜 친구일 것이고, 힘든 시기에도 곁에서 함께 고민해 주는 사람은 나를 진심으로 생각하는 사람일 것이다. 그러니 돈이 많다고 친구가 많아질 것이라는 착각은 버리자. 돈으로 맺어진 인연은 결국 돈 때문에 끝을 맺게 된다. 친구를 두려고 하기보다 진심으로 사람을 대하고, 그들의 이야기를 귀 기울여 들어주자. 진심은 시간이 걸리더라도 반드시 통한다. 그렇게 살아가다 보면 어느새 당신의 가치를 알아보는 사람들이 자연스레 당신 곁으로 모여들게 될 것이다.

**"그건 친구가 생기는 게 아니라,
당신이 돈으로 친구를 사는 것이오."**

002

언어가 관계의 진실을 말해준다

디오게네스가 어느 날 궁전 근처를 지나가고 있었다. 그곳에서 그는 한 무리의 사람들이 군주 주변에 옹기종기 모여 있는 모습을 목격했다. 그들은 모두 화려한 옷을 입고 있었고, 군주가 하는 말 한마디 한마디에 고개를 끄덕이며 열심히 맞장구를 쳤다. "말씀이 옳습니다!" "역시 지혜가 뛰어나십니다!" "당신만큼 현명한 분은 없습니다!" 그들의 찬사는 끝이 없었다. 군주가 사소한 농담을 해도 배꼽을 잡고 웃었고, 별것 아닌 의견을 말해도 천재적인 발상이라도 하듯 감탄했다. 이 광경을 지켜본 디오게네스는 쓸쓸한 미소를 지으며 중얼거렸다. "저들은 군주의 친구가 아니라, 그가 가진 권력의 친구다." 그의 말에는, 권력 주변에 형성되는 인간관계의 본질에 대한 비난이 담겨 있었다. 만약 그 군주가 하루아침에 권력을 잃는다면 어떻게 될까? 아마도 찬사를 아끼지 않던 사람들은 하나둘 사라질 것이다. 어제까지 치켜세우던 사람들이 갑자기 연락을 끊을 것이고, 그의 지혜를 칭송하던 이들이 이제는 그의 무능함을 비난할 것이다. 그들이 좋아하는 것은 그가 아니라, 그가 가진 지위와 권력이다. 그들의 충성심은 오직 그 권력이 지속되는 동안만 지속될 게 뻔하다. 이런 상황은 우리 주변에서도 쉽게 느낄 수 있다. 대기업 회장 주변에는 항상 그의 말에 고개를 끄덕이는 사람들이 있고, 정치인 곁에는 그의 모든 정책을 찬양하는 참모들이 있다. 유명 연예인 주변에는 그의 모든 행동을 지지하는 사람들이 있다. 하지만 그 회장이 회사를 잃으면? 그 정치인이 선거에서 패배하면? 그 연예인이 스캔들에 휩싸이면? 대부분의 경우 그들을 둘러쌌던 사람들은 썰물처럼 빠져나갈 것이다. 하지만 진정으로 그 사람을 위하는 사람이라면 평소에 잘못된 언행을 지적하고, 바뀌길 바랄 것이다. 하지만 그러지 않는다는 건, 깊이가 없는 관계라는 증거다. 디오게네스는 이런 관계의 허상을 알고 있었다. 그래서 그는 어떤 권력자에게도 아첨하지 않았고, 심지어 왕들 앞에서도 당당했다. 그는 그들을 왕이 아니라, 인간으로 바라봤기 때문이다. 우리도 이 점을 명심해야 한다. 높이 오르거나 바닥으로 떨어지는 순간은 누구에게나 찾아온다. 하지만 그 속에서 늘 달콤한 말만 하고 나의 교만을 부추기는 사람은 내 성장을 가로막고 결국 몰락으로 이끄는 사람이다. 권력을 쥔 이들이 큰 실수를 반복하는 이유도 바로 여기에 있다. 삶은 언제나 예상치 못한 어려움과 유혹을 안겨준다. 그럴 때 곁에서 나의 부족함을 솔직하게 짚어주고, 넘어지더라도 다시 일어나도록 붙잡아 주는 사람이야말로 오래 함께할 수 있는 동반자다. 그렇다고 나의 부족함을 지적해 주는 이가 다 좋은 사람은 아니다. 나의 부족함을 지적해 주는 사람이 정말 나를 위하는 사람이라면, 나의 상처까지 섬세히 봐줄 것이고, 자신의 속이 후련하고자 말하는 이는 나의 감정까지는 신경 쓰지 않을 것이다. 사람이 바뀌는 건 나를 다그치고 화를 내는 사람에 의해 바뀌는 거 같지만, 사실은 다정한 사람들에 의해 변화된다. 그렇기에 나의 잘못을 지적해 주되, 정말 나의 마음까지 신경 써주는 사람이라면 곁에 꼭 두길 바란다. 결국, 이 부분에서 진짜 친구와 가짜 친구가 드러나는 법이니.

**"저들은 군주의 친구가 아니라,
그가 가진 권력의 친구다."**

003

잊힐 때
진짜가 드러난다

한 청년이 의기양양하게 디오게네스에게 다가왔다. 그는 젊고 활기차 보였고, 자신감에 넘치는 표정을 짓고 있었다. "철학자님, 저는 친구가 정말 많습니다!" 그는 자랑스럽게 말했다. 실제로 그 청년은 어디를 가든 사람들에게 인사받았고, 모임에 가면 항상 환영받았으며, 주말이면 여러 약속으로 바쁠 정도였다. 하지만 디오게네스는 그 청년을 가소롭게 바라보며 날카로운 질문을 던졌다. "그렇다면 네가 어려움에 빠질 때 몇 명이나 남는지 세어 보아라." 청년은 갑자기 말문이 막혔다. 그는 지금까지 그런 생각을 해본 적이 없었을 것이다. 친구가 많다는 것은 함께 즐길 사람이 많다는 의미라고만 생각해 왔기 때문이다. 디오게네스의 질문은 오늘날 우리도 생각해 볼만하다. 내 연락처에 있는 수많은 사람 중에 과연 몇 명이나 내가 어려울 때 와줄까? 너무 추상적인 질문인가? 그렇다면 좀 더 구체적으로 생각해 보자. 내가 아플 때 나를 데리고 병원에 함께 갈 친구는 몇 명일까? 돈이 한 푼도 없을 때 내가, 밥 한 끼 사달라고 웃으며 연락할 수 사람은 몇 명일까? 아마 그리 많이 생각나지는 않을 것이다. 그래서 좋은 친구를 곁에 두고 싶다면 내가 잘날 때보다 잊힐 때 연락해 오는 사람을 더 기억해야 한다. 잊힐 때란, 점점 시간에 의해 잊히는 때를 말한다. 아파서 사람들을 잘 만나지 못할 때 연락을 주는 사람, 군대에 가 연락을 못 해도 종종 연락을 주는 사람. 오랫동안 연락하지 않았어도 갑자기 문득 생각났다고 연락을 주는 사람. 경조사와 같은 중요한 것들에 의해 연락이 오는 사람이 아닌,

정말로 당신이 궁금해서 연락하는 사람을 말한다. 이처럼 아무 일이 없더라도 내가 생각나 연락을 주는 사람들은, 바쁜 일상에서도 잠시 나를 떠올리고, 자신의 시간을 기꺼이 내어준 사람이다. 그런 사람은 인생의 진정한 동반자라 할 수 있다. 살아가며 수많은 사람을 만나지만, 오래 남는 인연은 많지 않다. 그래서 나쁜 사람을 멀리하는 것만큼, 잊힐 때 연락이 오는 사람을 놓치지 않는 것도 중요하다. 인생의 순간순간 기억 속에서 함께할 사람을 지켜내는 것. 그것만큼 좋은 관계를 지키는 방법은 없다. 그러니 잊힐 때 연락오는 사람을 가볍게 여기지 말고, 소중히 대하길 바란다.

> **"그렇다면 네가 어려움에 빠질 때**
> **몇 명이나 남는지 세어 보아라."**

004

먼저 자신과
친구가 되어야 한다

 어느 날 한 사람이 디오게네스에게 "진짜 친구를 어디서 구할 수 있습니까?"라고 물었다. 질문자의 표정은 간절했다. 어디에 가야 진실한 사람들을 만날 수 있는지, 어떤 방법을 써야 좋은 친구를 사귈 수 있는지 알고 싶었던 것이다. 그러자 디오게네스는 짧게 답했다. "먼저 네 자신과 친구가 돼라. 그러면 다른 이들의 배신에도 흔들리지 않는다." 질문자는 순간 당황했다. 자신과 친구가 된다는 말이 무엇을 뜻하는지 쉽게 이해하기 어려웠다. 그는 다른 사람과의 관계에 대한 조언을 기대했는데, 정작 돌아온 것은 자기 자신에 관한 이야기였기 때문이다. 그러나 디오게네스의 말은 분명한 메시지를 담고 있었다. 행복은 외부에서 주어지는 것이 아니라, 자기 안에서 시작된다. 물이 없는 빈 잔으로 다른 잔에 물을 따를 수 없듯, 자기 자신을 제대로 알지 못하는 사람은 타인과도 건강한 관계를 맺기 어렵다. 온전히 혼자서도 잘 지낼 수 있는 사람은 누군가와 함께 있어도 귀찮아하지 않고, 혼자 있어도 외로움에 흔들리지 않는다. 오히려 늘 누군가의 사랑과 돌봄 속에만 살아온 사람이, 새로운 관계에서도 당연하듯 그 돌봄을 요구하게 된다. 그래서 스스로 독립된 존재로서 혼자 잘 지낼 줄 아는 사람이 타인을 대할 때도 여유롭다. 상대방에게 절박하게 매달리지 않고, 관계가 끝나더라도 쉽게 무너지지 않는다. 디오게네스가 "다른 이들의 배신에도 흔들리지 않는다"고 말한 것은 바로 이런 의미였다. 혼자서 있어도 무서워하지 않고 단단한 사람은, 다른 사람의 배신이나 떠남에 상처는 받을 수 있겠지만,

그 상처 때문에 자존감이 떨어지거나 좌절하지 않는다. 그저 "나와 맞지 않는 사람이었구나"라고 생각하고 흘려 보낸다. 인간관계에서 이런 자세는 매우 중요하다. 자존감이 낮은 사람은 자신이 스스로를 싫어하는 만큼 다른 사람도 자신을 싫어할 것이라고 생각한다. 그래서 관계에서 불안해하고, 상대방의 작은 행동 하나하나에도 민감하게 반응한다. 자신에게 확신이 없으니 다른 사람의 반응에 의존하게 되는 것이다. 이런 생각은 결국 건전하지 못한 관계를 만들어내는 악순환으로 반복된다. 그래서 좋은 친구를 곁에 두기 전에 먼저, 홀로 설 수 있는 사람이 되는 것이 중요하다. 그렇게 되면 복잡한 관계에서도 의연하게 자신을 지킬 수 있고, 상대에게 불필요한 기대나 요구를 하지 않는다. 그렇기에 누군가가 없으면 무너지는 삶이 아니라, 혼자여도 흔들리지 않는 마음을 길러야 한다. 그렇게 자신과 친해졌을 때, 옆에 있는 사람과의 관계도 완만할 수 있을 것이다.

"먼저 네 자신과 친구가 돼라.
그러면 다른 이들의 배신에도 흔들리지 않는다."

우정은 채움이 아니라
비움에서 자란다

005

 어떤 사람이 디오게네스에게 친구를 어떻게 다뤄야 하는지 묻자, 디오게네스는 잠시 생각하더니 이렇게 대답했다. "친구를 지갑과 같이 대하게. 안에 돈이 가득 차 있으면 들고 다니지만, 텅 비면 내버리는 것이네." 이 말을 들은 사람은 디오게네스가 참 냉정한 사람이라고 생각했을 것이다. 친구를 지갑처럼 필요할 땐 쓰고, 없으면 버리라고 했으니 말이다. 그러나 디오게네스가 말한 건 반어적 표현이었다. 많은 사람이 친구라 부르지만, 사실은 이익과 편의를 따라 맺고 끊는 경우가 많다. 도움이 될 때는 곁에 두지만, 아무것도 기대할 수 없을 때는 쉽게 등을 돌린다. 필요할 땐 연락하지만, 필요가 없어지면 하루가 지나도 답장하지 않는다. 필요할 때만 지갑을 챙기듯, 친구라는 이름도 그렇게 가볍게 다뤄지는 것을 보고 "너희가 말하는 우정이 사실은 얼마나 계산적이고 얄팍한가?"라고 말한 것이다. 진정한 친구라면 친구를 어떻게 다뤄야 하는지 묻지 않는다. 사람을 진실로 소중히 대하는 사람은 계산하지 않기 때문이다. 계산한다는 것은 손익을 따지는 마음도 맞지만, 상대방에게 기대를 품는 것도 속한다. "나는 친구한테 어떤 기대도 하지 않아"라고 말할 수도 있다. 그러나 현실은 자신의 옆에 좋은 사람만 두고 싶어 한다. 착한 사람, 아낌없이 아껴주는 사람, 무조건적인 내 편인 사람, 언제나 나만 이해해 주는 사람을 원한다. 그래서 가족, 친구, 애인과 자꾸 갈등이 생긴다는 건 그러한 기대를 품고 자신의 곁에 두려하기 때문이다. 애초에 이 사람에게 어떠한 기대도 품지 않는다면 실망하지 않는다. 만약에 디오게네스가 "친구에게 모든 것을 베풀어 주시오."라고 말했다면 "그렇네, 친구에게 주기만 하면 되겠네"라고 생각할 것이다. 하지만 여전히 그 친구에게 내가 기대를 품고 있다면, 그저 그건 방법이 바뀌었을 뿐, 아무것도 받지 못했을 때 실망하게 될 것이다. 그래서 인간관계에서 자꾸 실망하고, 갈등이 생긴다면 내가 어떠한 기대를 품고 있지는 않는지 돌아보아야 한다. 그것이 사소한 것이라도 기대를 품는 순간, 그리고 그 사람에게 내가 진심이었다면 그 실망의 크기는 커질 것이다. 결국 우정의 깊이는 상대가 나에게 무엇을 해주는가가 아니라, 내가 그에게 무엇을 바라지 않고도 함께할 수 있는가에 달려 있다. 상대방을 내 뜻대로 움직이게 하려는 마음이 줄어들면, 그 사람의 있는 모습 그대로를 받아들이게 된다. 그것이 진정한 존중이며, 우정의 바탕이다. 디오게네스가 말하고자 한 것도 지갑처럼 필요에 따라 꺼내 쓰고 버리는 계산된 관계가 아닌, 비어 있어도 함께 들고 다니며 소중히 여기는 마음이다. 아무것도 얻지 못해도 곁에 두고 싶은 사람, 그냥 같이 있어도 좋은 사람, 말이 없어도 편한 사람, 그 자체로 감사한 인연이 진짜 친구라는 것이다. 그래서 우리는 친구를 어떻게 다뤄야 하는가를 고민하기 전에, 내가 친구에게 무엇을 기대하고 있는지 생각해 보아야 한다. 그 순간부터 친구를 대하는 마음이 훨씬 가볍고 자유로워질 것이다.

**"친구를 지갑과 같이 대하라.
안에 돈이 가득 차 있으면 들고 다니지만,
텅 비면 내버리는 것이네."**

006

입이 귀보다
빨리 달리면 안 된다

 아테네의 한 술집에서 술자리가 무르익고 있었다. 사람들은 와인을 마시며 하루의 피로를 풀고 있었다. 대부분은 조용히 담소를 나누거나 생각에 잠겨 있었지만, 한 남자만은 달랐다. 그는 목소리를 높여 끊임없이 떠들어댔다. 자신의 사업 자랑, 어제 본 연극 이야기, 정치에 대한 자신만의 견해, 심지어는 날씨에 대한 불평까지 쉴 새 없이 쏟아냈다. 다른 사람들이 말을 하려고 해도 그는 상대방의 말이 끝나기도 전에 자신의 말을 시작했다. "그런데 말이야, 내 생각에는…." "아니 그게 아니라 내가 보기에는…." "어제도 내가 그런 얘기를 했는데…." 구석에 조용히 앉은 디오게네스가 이 광경을 지켜보고 있었다. 그 남자는 다른 사람들의 반응이나 표정은 전혀 신경 쓰지 않고 오직 자신의 말만 계속했다. 그러자, 디오게네스는 시끄러운 남자를 똑바로 보며 입을 열었다. "네 입이 네 귀보다 더 빨리 달리고 있구나." 그 말을 들은 남자는 말을 멈추고 당황한 표정을 지었다. 디오게네스는 상대방의 말을 제대로 듣지도 않고 자신의 말부터 하려고 하는 점을 비꼬아 조롱한 것이었다. 이는 우리가 나이가 들면서 가장 조심해야 할 점이다. 대화는 상호 간에 이루어지는 것이지 일방통행이 아니다. 하지만 사람들은 나이를 먹으면 자연스레 보고 들은 것이 많아진다. 그래서 조언해 주고 싶은 말이 많아지고, 자신도 모르게 상대의 이야기를 끊거나 가르치려는 실수를 범한다. 하지만 '듣는 것' 또한 말하는 것만큼이나 강력한 표현이라는 사실을 잊지 말아야 한다. 누군가의 말을 끝까지 들어주는 태도는 단순히 대화의 기본을 넘어서, 상대방에게 가장 확실한 '존중'의 표시이기 때문이다. 듣지 않는다면 그것은 대화가 아니라, 일방적인 독백이자 폭언이 된다. 그리스의 철학자 제노는 이렇게 말했다. "신이 우리에게 귀는 두 개, 입은 하나를 주신 것은 두 배로 더 듣도록 하기 위함이다." 진정한 지혜는 듣는 데서 나온다. 다른 사람의 말을 주의 깊게 들으면, 그 사람의 관점을 이해할 수 있고, 때로는 자신의 잘못된 생각을 깨닫게 되는 순간이 찾아온다. 디오게네스가 강조한 것도 바로 그것이었다. 말하기 전에 먼저 들어보라는 것. 자신의 생각을 표현하는 것도 중요하지만, 그보다 앞서 다른 사람이 무슨 말을 하는지 귀 기울여 듣는다면 타인의 마음을 얻을 수 있고, 자신의 부족한 점까지 아는 지혜가 생기게 된다. 그래서 듣는다는 것은 지혜의 출발점이다. 이는 특히 리더들에게 필요한 덕목이다. 훌륭한 리더는 자신의 비전을 또렷하게 말할 줄 아는 사람인 동시에, 팀원들의 목소리를 진심으로 들을 줄 아는 사람이다. 일방적으로 지시만 하는 리더보다, 다양한 의견을 수렴하고 이를 종합해 결정을 내리는 리더가 더 신뢰받고 성공한다. 부모와 자녀의 관계에서도 마찬가지다. 부모가 일방적으로 훈계만 하면 아이들은 점점 마음을 닫는다. 그러나 아이의 말을 진심으로 들어주는 부모는 더 깊은 신뢰를 얻는다. 연인이나 부부 관계에서도 다르지 않다. 서로의 이야기를 끝까지 들어주는 것만으로도 오해가 줄고 서로를 향한 마음이 깊어진다. 결국 우리는 입보다 귀를 더 많이 사용해야 한다. 말하기 전에 먼저 듣고, 판단하기 전에 먼저 이해하려는 마음을 가진다면, 그 어떤 관계에서도 더 깊고 진실한 대화를 나눌 수 있을 것이다.

"네 입이 네 귀보다 더 빨리 달리고 있구나."

Chapter. 09

디오게네스의
신과 자립론

Diogenes

001

신은 어디에나 있다

고대 그리스인들은 신전 앞 제단에 와서 기도를 드렸다. 사람들이 신의 조각상 앞에서 경건하게 절을 할때, 디오게네스가 나타났다. 사람들은 그도 당연히 같은 방향으로 절을 할 것이라고 생각했다. 하지만 디오게네스는 전혀 예상치 못한 행동을 했다. 그는 정반대 방향을 향해 절을 했다. 사람들은 깜짝 놀랐다. 어떻게 제단에 등을 돌리고 절을 할 수 있단 말인가? 이는 신성모독이 아닌가? 몇몇 사람들이 항의했다. "디오게네스! 잘못된 방향으로 절하고 있소" "신성을 모독하지 마시오" 하지만 디오게네스는 동요하지 않고 대답했다. "그쪽으로도 신은 똑같이 보지 않겠는가?" 사람들은 말문이 막혔다. 디오게네스의 말이 단순한 궤변이 아니라는 것을 직감했기 때문이다. 그가 지적하고자 했던 것은 사람들의 형식적인 종교 관념이었다. 사람들은 제단을 세우고 신상을 만들어 놓은 뒤, 신이 마치 특정한 장소와 형식 안에만 존재한다고 의미 부여를 하고 있었다. 신이 대리석 조각상 속에 갇혀 있는 듯 여기며, 그 방향으로만 기도해야 한다고 말한 것처럼 말이다. 그러나 디오게네스는 진정한 신이라면 어디에나 존재해야 하지 않을까? 동서남북 어느 방향에서든, 어떤 자세에서든 인간의 진실한 마음을 볼 수 있어야 하지 않을까? 그가 전지전능하다면 굳이 특정한 방향으로만 절해야 할 이유가 있을까?라고 생각했던 것이다. 그렇다. 신을 향한 태도는 몸이 어느 쪽을 향하는지에 의해 결정되지 않는다. 오히려 마음속에 담긴 진실성과 경건함이 더 큰 의미를 지닌다. 신상을 바라보며 절한다고 해서 더 경건한 것이 아니고, 반대 방향으로 절한다고 해서 덜 경건한 것도 아니다. 디오게네스가 던진 메시지는 '신과 인간의 관계는 장소와 형식이 아니라 마음에 달려 있다'는 것이었다. 그는 신앙을 외적인 절차나 의례에 묶어 두려 하지 않았다. 사람들은 눈에 보이는 상징물과 규칙에 집착하지만, 진정한 종교적 태도는 그 너머에 있다. 누군가를 돕는 순간, 정직한 선택을 하는 순간, 스스로를 성찰하는 순간에도 신은 언제나 그를 바라보고 있으니, 그것을 믿고 행동해야 한다는 것이다. 디오게네스는 사람들에게 "형식의 틀 안에서만 신을 찾지 말고, 전지전능한 신을 느끼라"는 깨달음을 던진 셈이다. 신은 특정한 공간에 갇혀 있지 않으며, 특정한 시간에만 나타나지 않는다. 정말로 존재한다면 우리가 숨 쉬는 공기처럼 어디에나 존재할 가능성이 크다. 그렇기에 신을 믿는 방식은 겉으로 보여지는 것에 매이면 안 되며, 진심 어린 마음을 가져야 한다는 것이다. 만약 당신이 신을 믿는 사람이라면 진실한 마음으로 살아가고, 외형보다 내면을 가꿔야 한다. 그리고 무엇보다 신앙이든 삶이든, 제단에 의미 부여를 하고 기도하는 사람들처럼 형식적인 틀에 갇혀 생각하기보다, 본질을 보고 행동하는 사람이 되길 바란다.

"그쪽으로도 신은 똑같이 보지 않겠는가?"

002

행동하지 않는 기도는
헛소리일 뿐이다

어느 축제일, 아테네의 신전은 평소보다 더욱 붐볐다. 사람들이 구름처럼 몰려들어 신에게 기도를 드리고 있었다. 그들의 기도 내용은 대부분 비슷했다. 부자가 되게 해달라는 기원, 높은 지위에 오르게 해달라는 소원, 사업이 잘되게 해달라는 간구, 건강하게 해달라는 부탁들이 끝없이 이어졌다. "위대한 신이여, 저에게 부를 내려주소서!" "명예로운 자리에 오를 수 있게 도와주소서!" "제 사업이 번창하게 하소서!" 간절한 목소리들이 신전 안을 가득 메웠다. 사람들은 향을 피우고 제물을 바치며 자신들의 소원이 이루어지기를 애타게 기다렸다. 이 광경을 신전 바깥에서 지켜보던 디오게네스는 비웃음을 터뜨렸다. 그리고 사람들을 향해 소리쳤다. "신들에게 그토록 많은 것을 빌면서, 정작 자기 자신에게는 아무것도 바라지 않는구나." 디오게네스는 인간이 스스로의 삶을 책임지지 않고, 외부의 힘에만 의지하는 태도를 꼬집고 있었던 것이다. 사람들은 신에게 부를 달라고 기도하는 동안, 정작 자신이 부지런히 일하거나 절약하려는 노력은 하지 않았다. 명예를 달라고 간구하면서도 자신의 인격을 닦거나 실력을 기르려는 시도는 하지 않았다. 건강을 빌면서도 자신의 생활 습관을 바꾸려는 의지는 보이지 않았다. 디오게네스가 보기에 이는 기적이 일어나길 바라는 어리석은 기도였다. 신이 모든 것을 해결해 줄 것을 믿고 자신은 아무런 노력도 하지 않는 것은 농부가 씨앗을 뿌려놓고 물도 주지 않으면서 풍년만 기대하는 것과 같다. 그래서 디오게네스는 사람들에게 이렇게 묻고 싶었던 것이다. "부를 원한다면 먼저 자신에게 물어보라. 나는 정말 부지런히 일하고 있는가? 돈을 허투루 쓰지는 않는가? 새로운 기술을 배우려고 노력하고 있는가?" 스스로에게 물어보라는 것이었다. 오늘날 많은 사람들이 자신에게 좋은 일이 일어나길 바란다. 그러나 정작 하는 일은 로또를 사면서 부자가 되기를 간절히 바라고, 매일 커피를 사 마시며 저축 따위는 하지는 않는다. 또한 다이어트를 하고 싶다고 매순간 말하면서도 당장 운동을 하거나 식습관을 바꾸려는 노력은 하지 않는다. 디오게네스는 이런 점을 비판한 것이었다. 외부의 도움을 구하는 것 자체가 나쁘다는 것이 아니다. 다만, 자신의 노력 없이 외부의 힘에만 의존하려는 태도로는 아무것도 이룰 수 없는 마음가짐이다. 이런 자기 점검과 노력 없이 신에게만 의존하는 것은 멍청한 생각이다. 이런 이야기가 있다. 한 사람이 아무것도 한 것이 없어 후회돼 신에게 빌었다고 한다. "신이시여, 다른 바라는 것이 없으니, 마지막으로 과거로 돌려주소서" 그랬더니 신이 대답했다. "내가 이미 그 소원을 들어주지 않았느냐?" 이미 미래에서 간절히 빌고 또 빌어서 돌려놓은 게 '오늘'이었다는 것이다. 이처럼 이미 당신은 여러 번 신에게 기도했고, 신은 그때마다 수많은 기회를 주었을지도 모른다. 그러나 정작 당신은 아무런 행동도 하지 않은 채, 여전히 같은 기도를 반복하고 있을지도 모른다. 그러니 신에게 빌기 전에 먼저 움직이는 사람이 되길 바란다. 스스로 할 수 있는 모든 것을 다한 뒤, 비로소 내 힘으로는 어쩔 수 없는 일들을 신에게 맡긴다면, 그때도 결코 늦지 않았을 것이다.

**"신들에게 그토록 많은 것을 빌면서,
정작 자기 자신에게는 아무것도 바라지 않는구나."**

003

간절함은 때론
눈을 가린다

아테네에 전쟁이 임박했다. 적군이 성 밖에 진을 치고 있었고, 곧 전투가 벌어질 예정이었다. 군인들은 출정을 앞두고 신전에 모여 간절히 기도하고 있었다. "위대한 아레스 신이여, 저희에게 승리를 주소서!" "제우스여, 적을 물리칠 힘을 내려주소서!" "아테나 여신이여, 저희를 보호해 주소서!" 군인들의 기도는 간절했다. 그들은 향을 피우고 제물을 바치며 신들이 자신들의 편이 되어주기를 애원했다. 가족을 지키고 조국을 수호하려는 그들의 마음은 절실했다. 하지만, 이 광경을 지켜보던 디오게네스는 고개를 저으며 말했다. "너희가 빌고 있는 승리를 위해서, 저쪽 적군도 똑같이 기도하고 있을 텐데 누가 이기겠느냐?" 군인들은 순간 멈칫했다. 성벽 너머에 있는 적군들도 똑같이 신에게 승리를 간구하고, 자신들을 보호해달라고 빌고 있을 것이 뻔했기 때문이다. 정말 흥미진진한 발상이었다. 신은 과연 누구의 기도를 들어줄까? 만약 신이 정말로 공정하다면, 어느 한쪽의 편을 들 이유가 없다. 양쪽 모두 자신들의 신념에 따라 싸우고 있고, 양쪽 모두 간절히 기도하고 있기 때문이다. 그렇다면 결국 승부는 기도의 간절함이 아니라, 다른 요소들에 의해 결정될 것이다. 그 요소는 무엇일까? 신의 뜻은 알 수 없지만, 아마도 서로가 정말 승리를 향해 기도한다면 더 좋은 무기를 준비하고, 더 나은 전략을 세우는 자들이 승리할 것이다. 이는 앞 장에서 읽었던 상황이랑 비슷하면서도 심오한 신의 딜레마가 작용한다. 즉, 조금이라도 더 힘이 세고, 평소에 전쟁을 더 준비한 사람들이 이긴다는 것이다. 신은 우리에게 이미 생각할 능력과 선택의 기회를 주었다고 볼 수 있다. 그렇다면 우리는 여기서 생각의 관점을 한 번 더 틀어봐야 한다. 과연 저들이 승리를 위해 신께 기도하며 노력하는 게 최선일까? 디오게네스가 누가 이기는지 궁금해서 저렇게 말했을까? 아닐 것이다. 아마도 디오게네스가 필리포스 왕에게 "네 탐욕의 정찰병이다"라고 말한 것을 생각해 보면, 그의 철학에서는 전쟁이란 본래 인간의 헛된 욕망의 산물이었기에 진정으로 기도해야 할 것은 승리가 아니라, 전쟁을 피하고 평화를 되찾는 일이었을 것이다. 만약 모두가 살기를 간절히 원한다면 적을 죽이고, 그들이 도망가는 상황을 만들기보다, 신에게 "모두를 가엾게 보시고 평화를 만들어주소서"라고 간절하게 기도했어야 한다는 것이다. 이는 사람들이 간절함에 눈이 멀어 새로운 시야를 보지 못한다는 교훈을 준다. 사람들은 내가 목숨을 걸 정도로 간절하다면 상대 또한 똑같이 간절할 수 있다는 사실을 잊곤 한다. 그래서 늘 한가지의 방향밖에 보지 못하고 일을 저지르고 또 후회를 한다. 그래서 무엇을 간절히 바랄 때에는 내 입장만이 아니라 상대의 입장에서도 한 번 생각해 보고, 동시에 그와 다른, 또 다른 희망을 찾아야 한다. 어쩌면 신은 늘 우리에게 선택 사항을 주었을지도 모른다. 한 곳만 바라보는 좁은 시야에서 벗어나, 전쟁 대신 평화, 증오 대신 이해, 패배 대신 새로운 길을 발견할 수 있어야 한다. 그렇게 할 때 우리는 인생 속에서 늘 새로운 기회와 방향을 발견할 수 있을 것이다.

"너희가 빌고 있는 승리를 위해서, 저쪽 적군도 똑같이 기도하고 있을 텐데 누가 이기겠느냐?"

004

못생긴 얼굴은
덕으로 빛나야 한다

디오게네스가 시장을 걸어가고 있을 때, 한 상점에 청동으로 만든 거울이 걸려 있는 걸 발견했다. 당시 거울은 귀한 물건이어서 아무나 가질 수 있는 것이 아니었다. 대부분의 사람들은 물에 비친 자신의 모습을 보거나, 이런 공개된 거울을 통해서만 자신의 얼굴을 확인할 수 있었다. 디오게네스는 호기심에 이끌려 거울 앞에 섰다. 그리고 자신의 얼굴을 자세히 들여다보았다. 거칠고 투박한 얼굴, 길게 자란 수염, 햇볕에 그을

린 피부, 세월의 흔적이 새겨진 주름들. 결코 잘생겼다고 할 수 없는 모습이었다. 잠시 거울을 바라보던 디오게네스는 빙그레 웃으며 중얼거렸다. "못생긴 얼굴을 가진 사람은 반드시 덕으로 치장해야 한다." 주변에 있던 사람들은 그의 말을 듣고 웃었다. "자신의 못생긴 얼굴을 스스로 인정하다니, 참으로 솔직한 사람이군"이라고 생각했을 것이다. 하지만 그들은 디오게네스가 자기 외모를 비하한 것이 아니라는 것을 이해하지 못했다. 그는 외모는 타고나는 것이며, 통제할 수 없는 영역이라고 생각했다. 누구는 아름답게 태어나고, 누구는 평범하게 태어나며, 누구는 못생기게 태어난다. 이것은 운명이지 개인의 잘못이 아니다. 하지만 인격과 덕성은 다르다. 아무리 못생긴 얼굴을 가졌더라도 아름다운 마음을 가질 수 있고, 아무리 평범한 외모라도 훌륭한 인격을 갖출 수 있다. 즉, 이것은 우리가 스스로 만들어갈 수 있는 것이다. 그렇다면 자신이 할 수 없는 것에 매여서 "난 왜 이렇게 못생겼지!"라고 생각하기보다, 자신이 할 수 있는 일을 해야 한다. 외모가 뛰어나지 않으면 열정이라도 있어야 하고, 열정도 없으면 겸손이라도 해야 하며, 겸손하지도 못하면 분별력이라도 있어야 한다. 세상은 언제나 태도를 기억한다. 겉으로 드러나지 않더라도 품격은 삶의 모든 순간에 드러나며, 그 사람의 말투와 행동, 그리고 관계 속에서 그 사람의 급이 드러난다. 그래서 남보다 더 나은 외모를 추구해야 할 것이 아니라, 어제의 나보다 더 나은 사람이 되는 것에 초점을 둬야 하고, 부족함을 탓하기보다 그것을 채워야 한다. 사람의 분위기를 좌지우지하는 건 첫인상인데, 그 첫인상은 외모보다는 표정에서 드러나고, 그 표정은 마음에서 나온다. 그리고 대화가 시작되면, 목소리가 인상을 뒤집는 요소가 되기도 한다. 외모가 단정하더라도 목소리가 지나치게 공격적이면 좋지 못한 인상을 주고, 반대로 평범한 외모라도 목소리가 안정적이고 따뜻하면 친근함과 신뢰감을 준다. 이 목소리 또한 마음의 힘에서 나온다. 그렇기에 꼭 외모에만 집착하기보다는 마음의 자세를 돌아보는 것도 중요하다. 외모지상주의 시대에서 외모가 필요 없다는 말은 하지 않겠다. 하지만 덕으로 치장한 사람 또한 사랑받는 세상이 되었다. 디오게네스도 외모는 별로였지만, 그의 지혜와 인격을 사랑하는 사람들이 많았다. 심지어 알렉산더 왕까지도 그를 존경했다. 이는 외모도 중요하겠지만, 마음을 다스리는 것이 외모만큼이나 중요하다는 것을 보여준다. 그래서 아름다운 사람은 외모에 안주하지 말고, 겸손한 마음을 가지려 노력해야 하고, 평범한 사람은 인격으로 자신만의 매력을 만들어야 하며, 외모에 자신이 없는 사람은 더욱 훌륭한 덕성으로 자신을 빛내야 할 것이다.

**"못생긴 얼굴을 가진 사람은
반드시 덕으로 치장해야 한다."**

005

진정성은
완벽함에서 오지 않는다

 플라톤은 늘 사람들에게 검소하게 살아야 하며, 욕망을 버리고 진리에 헌신하라고 말했지만, 정작 그는 그렇게 살지 않았다. 그는 원래 부유한 귀족 출신이었고, 소크라테스의 뒤를 이어 아카데미를 세웠는데 이는 오늘날로 치면 초대형 학원 같은 곳이었다. 그만큼 명성과 돈이 따르는 자리였다. 이런 모습이 못마땅했던 디오게네스는 어느 날 일부러 발에 진흙을 잔뜩 묻힌 채 아카데미에 들어가 이곳저곳을 더럽혔다. 난데없는 행동에 당황한 플라톤이 급히 달려 나와 크게 항의했다. "디오게네스! 도대체 무슨 짓입니까?" 디오게네스는 멈추지 않고 계속해서 바닥을 밟으며 대답했다. "내가 이렇게 밟는 것은 네 허영심이다." 플라톤은 순간 말문이 막혔다. 그는 자신이 평소 가르치던 검소함과 절제의 가치를 떠올렸을 것이다. 하지만 그는 화려한 아카데미 안에 서 있었고, 그곳의 바닥은 진흙보다 더 깨끗해야 한다고 생각했던 자신을 발견했을 것이다. 디오게네스의 진흙 묻은 발은, 플라톤이 세운 모든 체계의 위선을 드러낸 것이었다. 물론 플라톤이 단순히 돈을 위해 아카데미를 세운 것은 아닐 것이다. 그는 진심으로 철학을 사랑했고, 제자들을 가르치며 진리를 탐구하고자 했다. 아카데미는 서양 사상에서 중요한 교육기관 중 하나였고, 그곳에서 배출된 사상가들은 세계를 변화시켰다. 플라톤에게는 분명 정당한 이유가 있었을 것이다. 더 많은 사람을 가르치려면 공간이 필요했고, 책을 보관하려면 건물이 필요했으며, 연구를 지속하려면 자원이 필요했다. 하지만 디오게네스가 본 것은 그 '필요'라는 이름으로 포장된 또 다른 욕망이었다. 그에게는 플라톤이, 진리를 가르치면서도 동시에 안락함과 명성을 포기하지 못하는 사람처럼 보였다. 그렇기에 그 모순을 진흙이라는 가장 원초적인 방법으로 드러낸 것이다. 어쩌면 우리도 플라톤과 같은 모순 속에 살고 있을지도 모른다. 환경을 걱정하면서도 일회용품을 쓰고, 건강을 염려하면서도 야식을 먹으며, 시간이 소중하다면서도 끝없이 스마트폰을 들여다본다. 말은 그렇게 하면 안 된다고 말하지만, 행동은 늘 '어쩔 수 없어'라며 이중적인 잣대를 내밀고 살아간다. 이뿐만 아니라 인간관계에서도 자신에게는 관대하고 타인에게는 엄격하다. 내가 할 때는 불가피한 선택이고, 남이 할 때는 위선이다. 현대 사회는 우리에게 끊임없이 이중적으로 살라고 말한다. '성공해라, 그러나 겸손하라.' '많이 벌어라, 그러나 물질적이지 마라.' '경쟁에서 이겨라, 그러나 타인을 배려하라.' 이런 상충되는 요구 속에서 우리는 자연스럽게 어떤 장단에 맞춰야 할지 모르고 헷갈릴 수밖에 없다. 그래서 무엇이 맞고, 무엇이 틀리다고 단정 지을 수는 없다. 다만, 우리가 모순 속에 살고 있다는 것을 인정하고, 그 간극을 줄이려고 노력해야 한다. 누군가가 "너의 말과 행동이 달라서 못 믿겠어"라고 말하면 변명보다 "아, 내가 다르게 행동했구나"라고 인정하고, 말과 행동 사이의 거리를 조금씩 좁혀가면 된다는 것이다. 그렇게 조금씩 간극을 좁혀가는 과정이 바로 성숙의 시작이다. 완벽할 수 없지만, 스스로의 모순을 자각하는 순간부터 변화가 시작된다. 중요한 것은 '진실하게 보이려는 노력'이 아니라 '진실해지려는 태도'다. 사람들은 결국 그 사람이 하는 말보다, 그 사람의 일관된 행동과 살아온 삶을 보고 신뢰한다. 아무리 세련된 말로 자신을 포장해도, 일상의 작은 행동들이 그 사람의 진짜 모습을 드러낸다. 말과 행동이 다를 때 부끄러워할 줄 아는 사람은 이미 성장하고 있는 사람이다. 그런 부끄러움은 나를 더 나은 방향으로 이끄는 힘이다. 반면 자신의 모순을 외면하거나 정당화하기 시작하면, 마음은 점점 둔해지고 모든 것을 자신의 입맛에 맞게 합리화하게 된다. 그러나 삶의 진정성은 사소한 선택 속에서 보인다. 약속을 지키려는 태도, 불편함에도 마주하는 용기, 잘못을 인정하고 고치려는 마음. 그런 것들이 쌓여 진심을 만든다. 우리는 모두 모순된 세상 속에서 흔들리지만, 그 흔들림 속에서도 자신을 바로 세우려는 마음이 있다면 그것으로 충분하다.

"내가 이렇게 밟는 것은 네 허영심이다."

Chapter. 10

디오게네스의
죽음

Diogenes

001

장례는 살아 있는 자들을 위한 것이다

어느 날 사람들이 디오게네스에게 물었다. "당신이 죽은 뒤 어떻게 장사를 지내 드리길 원하십니까?" 당시 그리스에서 장례는 매우 중요한 의식이었다. 사람들은 죽은 후에도 적절한 장례를 치러야 영혼이 평안히 쉴 수 있다고 믿었다. 특히 철학자처럼 존경받는 인물이라면 성대한 장례식을 치르는 것이 당연했다. 사람들은 디오게네스도 당연히 그에 걸맞은 장례를 원할 것이라 생각했다. 하지만 디오게네스는 담담하게 대답했다.

"나를 그냥 버려서 짐승들이 오게 하라." 사람들은 깜짝 놀라며 반박했다. "그럼 짐승들에게 몸이 먹히게 되는데, 그것이 괴롭지 않겠습니까?" 그들의 목소리에는 진심 어린 걱정이 담겨 있었다. 존경하는 철학자의 시신이 들짐승에게 뜯겨 먹히는 것은 상상만 해도 끔찍한 일이었다. 그것은 모욕이자 불경이며, 인간으로서 누려야 할 최소한의 존엄마저 빼앗기는 일처럼 느껴졌다. 디오게네스가 웃으며 말했다. "그렇다면 내 옆에 막대기를 하나 두어라. 내가 쫓아내겠다." 사람들은 더욱 당황하며 물었다. "하지만 죽으면 감각이 없을 텐데 어떻게 짐승들을 쫓아내시겠습니까?" 그러자 디오게네스는 간단명료하게 대답했다. "그러니 무슨 상관이냐?" 디오게네스는 죽은 뒤 감각도 의식도 없다면, 장례의 화려함이 무슨 의미가 있는지, 혹은 시신이 어떻게 처리되든 그것이 본인에게 무슨 상관인지 묻고 있었다. 사람들은 죽음 이후의 명예와 존엄을 중시한다. 하지만 디오게네스는 죽음에 관한 것 또한 결국 산 자들의 관념이자 위안이라는 말을 했다. 죽은 자는 아무것도 느끼지 못한다. 고통도, 모욕도, 영광도 없다. 그렇다면 화려한 장례식은 누구를 위한 것일까? 죽은 자가 아니라 살아남은 자들의 불안과 허영을 달래기 위한 것일 테다. 그럼, 생각해 봐야 한다. 내가 지금 부끄러워하고, 눈치 보며 아무것도 하지 못하다가 죽는다면 그 눈치는 누구를 위한 것일까. 아마 살아있는 자들의 몫일 것이다. 하지만 죽은 당신은 아무 기억조차 하지 못할 것이다. 그런데 무엇이 그렇게 두려워서 자신의 인생을 살지 못하는가? 정작 중요한 건 죽은 뒤의 명예가 아니라 살아 있는 동안 나의 행복이다. 그러니 미친 듯이 사랑하고, 사랑하는 것들 때문에 아팠다면 울어도 보며, 세상 누구보다 행복하게 또 감정에 충실하게 살아가자. 삶은 애써 꾸미지 않아도 이미 충분히 값지다. 죽음이 언제 올지는 아무도 모른다. 후회하지 않으려면 오늘을 더 뜨겁게 살아야 한다. 사랑을 미루지 말고, 감사할 일을 놓치지 말자. 후회는 '못한 일'에서 생기지, '했던 일'에서 생기지 않는다. 운명이 허락하는 만큼 누려라. 그 자체로 인생은 아름다울 것이다.

"나를 그냥 버려서 짐승들이 오게 하라."

002

당연한 것들은
언제든 뒤집힐 수 있다

디오게네스는, 죽을 무렵에는 상당히 유명한 철학자였다. 그래서 그의 장례에 관한 여러 기록이 남아 있는데, 그중 하나가 매장 방식에 관한 일화다. 어떤 사람이 디오게네스에게 죽게 되면 어떤 식으로 매장당하고 싶은지 물었다. 디오게네스는 "얼굴을 아래로 해서" 묻어 달라고 말했다. 이는 일반적인 매장 관습과는 완전히 반대되는 것이었다. 보통은 하늘을 바라보도록 얼굴을 위로 향하게 매장하는 것이 관례였다. 하늘은 신들이 사는 곳이었고, 죽은 자의 영혼이 향해야 할 곳이었다. 얼굴을 위로 향하게 눕히는 것은 죽은 자에게 마지막 존엄을 부여하는 행위였다. 예상치 못한 대답에 누군가가 물었다. "왜 그러길 바라시오?" 디오게네스는 담담하게 말했다. "조금만 지나면 아래위가 뒤바뀔 테니까." 이 말 속에는 디오게네스의 철학이 압축되어 있다. 그가 말한 "아래위가 뒤바뀐다"는 것은 방향의 문제가 아니었다. 그것은 인간이 만들어낸 모든 가치와 구분의 상대성을 가리키는 것이었다. 위와 아래, 좋은 것과 나쁜 것, 귀한 것과 천한 것, 옳은 것과 그른 것. 사람들은 이런 구분들이 절대적이고 영원하다고 믿는다. 하지만 디오게네스는 이 모든 것이 상대적이며, 언제든 변화할 수 있는 것들임을 알았다. 지금 당연하게 여겨지는 것들도 언제든 뒤바뀔 수 있다. 어제의 진리가 오늘의 거짓이 되고, 오늘의 상식이 내일의 미신이 된다. 한때 노예제는 당연한 것이었고, 왕권은 신성한 것이었으며, 여성의 참정권은 불가능한 것이었다. 하지만 세월이 흐르며 이 모든 "당연함"이 뒤집혔다. 따라서 지금 당연하게 여겨지는 것들도 언제든 뒤바뀔 수 있다는 것이다. 어차피 세상의 모든 것이 변하고 뒤바뀔 터인데, 시신을 어떻게 눕히느냐가 무슨 의미가 있겠느냐고 말한 것이다. 그는 살아서도 사회의 통념을 뒤엎었고, 죽어서도 매장 관습마저 뒤엎으려 했다. 이는 인간이 만들어낸 모든 관습과 전통이 절대적이지 않다는 것을 죽음의 순간까지도 가르치려 한 것이다. 단언컨대, 그는 거지처럼 살았지만 가장 자유로웠고, 가진 것이 없었지만 가장 풍요로웠으며, 사회적으로는 최하층이었지만 정신적으로는 최고의 지위에 있었다. 디오게네스는 세상을 바꾸려 하지 않았다. 그저 세상을 바라보는 관점을 뒤집었을 뿐이다. 우리가 당연하다고 믿는 것들, 절대적이라고 여기는 가치들, 변하지 않을 것 같은 질서들. 이 모든 것이 사실은 언제든 뒤집힐 수 있는 것들이다. 그것을 깨닫는 순간, 우리도 세상을 조금 다르게 볼 수 있게 된다. 즉, 중요한 것은 위나 아래가 아니라, 내가 어떤 시선으로 세상을 바라보는가이다. 디오게네스가 통 속에서도 자유로웠던 이유는 세상이 정한 가치에 자신을 가두지 않았기 때문이다. 그러니, 세상의 눈으로 자신을 보지 말고, 자신의 눈으로 세상을 바라보길 바란다.

"조금만 지나면 아래위가 뒤바뀔 테니까."

죽음을 두려워하지 않는 건
삶을 온전히 사랑한다는 것이다

 디오게네스는, 실제로 죽음을 앞두고 제자들을 불러모았다. 그들은 스승의 마지막 말을 들으려고 조용히 둘러앉았다. 위대한 철학자의 유언이라면 분명 깊은 지혜나 인생의 진리에 관한 것일 거라고 기대했다. 하지만 디오게네스의 마지막 부탁은 그들의 예상을 벗어난 것이었다. "내 무덤 위에 기둥을 세우고, 꼭대기에 큰 개 한 마리를 새겨 달라." 제자들은 어리둥절했다. 다른 철학자들처럼 현명한 격언을 새기거나 학문적 업적을 기리는 비문을 남기라고 할 줄 알았는데, 개 조각상을 달아달라니. 이게 무슨 유언인가. 하지만 곧 그들은 스승의 의도를 이해하기 시작했다. 디오게네스의 말에서 주목해야할 점이 하나 있다. 바로 "꼭대기에 큰 개 한 마리를 새겨 달라"는 말이다. 왜 그냥 개도 아니고, 작은 개도 아니고, 큰 개였을까? 이는 자신의 철학이 결코 작거나 하찮은 것이 아니라는 자부심의 표현이었을 것이라고 해석 된다. 비록 사회에서는 개 취급을 받았지만, 자신의 철학만큼은 위대하다는 확신이었던 것이다. 사람들은 대개 죽은 후 자신이 남긴 업적이나, 좋았던 사람으로 기억 되길 원한다. 화려한 비문, 장엄한 조각상, 찬사로 가득한 추모사. 하지만 디오게네스는 그런 것들에 관심이 없었다. 그가 원한 것은 자신의 정체성, 자신이 어떤 가치관으로 살았는지를 기억해 달라는 것이었다. 무엇을 이루었는지보다 어떻게 살았는지가 더 중요한 사람이었으니 말이다. 결국, 그의 평생 철학이 마지막 순간에도 변함없이 드러난 것이다. 이후 디오게네스는 실제로 뜬금없이 이렇게 말했다고 한다. "이제 곧 나는 죽을 것이다." 하지만 주변 사람들은 그의 말을 대수롭지 않게 여겼다. 철학자들은 언제나 죽음에 관해 이야기하곤 했고, 디오게네스 역시 평소처럼 농담 섞인 말투로 묘비명까지 이야기했기 때문이다. 그러나 그의 말은 예언처럼 정확했다. 얼마 지나지 않아 그는 정말로 세상을 떠났다. 그가 어떻게 죽었는지는 정확하게 기록된 바가 없다. 가장 유명한 이야기는, 디오게네스는 당시 코린토스 쪽에 있는 체육관에서 살았는데 친구들은 그가 외투를 두르고 있는 것을 발견했다. 친구들은 그가 자고 있다고 생각했지만, 계속해서 거기에 있는 것이 의심스러워 겉옷을 들춰보고 나서야, 그가 죽었음을 알게 되었다고 한다. 이를 두고 친구들은 디오게네스가 세상을 떠나기를 바라, 스스로 숨을 참아서 죽었다고 말한다. 또 다른 이야기는 디오게네스가 썩은 개고기를 먹고 죽었다는 것이다. 그는 자신이 평생 외친 '자연으로 돌아가라'는 말처럼, 가장 원초적인 방식으로 세상을 떠난 셈이었다. 또 다른 전승에 따르면 그는 문어를 먹고 탈이 나 병들어 죽었다고도 한다. 어떤 설이 맞는지는 아무도 확실히 알 수 없다. 2000년이 넘는 세월이 흘렀고, 당시에도 정확한 기록이 남아있지 않았기 때문이다. 하지만 이런 다양한 전승들이 존재한다는 것 자체가 의미 있다. 그만큼 디오게네스의 죽음은 사람들에게 강렬한 인상을 남겼다는 뜻이다. 그리고 그의 죽음의 원인이 무엇이었든, 모든 기록이 공통적으로 전하는 사실이 하나 있다. 바로 디오게네스가 마지막 순간까지 죽음을 두려워하지 않았다는 점이다. 그는 죽음을 자연스러운 현상으로 받아들였다. 그의 마지막 태도는 우리에게 깊은 깨달음을 준다. 살아 있는 동안 죽음을 두려워하지 않는다는 것은, 자신의 삶을 온전히 사랑한다는 뜻이다. 꽃이 피고 지는 것이 자연스럽듯 자신의 인생도 피고 지는 것이 당연하다는 것을 알고 피어 있는 동안 자신의 삶을 사랑하는 사람은 매 순간을 더 진실하게 살 수 있다. 우리 역시 언젠가는 디오게네스처럼 조용히 떠날 날이 올 것이다. 그날이 왔을 때 여한이 없다고 말할 사람도 있을 것이고, 후회한다고 말하는 사람도 있을 것이다.

우리는 이 중 어떤 사람이 되고 싶은지 생각해보면 된다. 저자는 이 글을 읽는 당신이 죽음 앞에서 "정말 잘 살다 갑니다!"라는 말을 할 수 있는 그런 삶을 살면 좋겠다. 나는 왜 태어났을까? 무슨 목적으로 태어났을까? 같은 복잡한 생각은 잠시 내려놓고, 이왕 태어난 거 자신의 삶을 온전히 사랑하며 행복하게 살면 좋겠다. 그리고 그 이후에 또 다른 세상이 있다면 그 낙원 너머 어딘가에서 웃으며 인사하고 싶다.

행복하게, 그리고 자유롭게.